Gabriel Tarde

# Les Lois sociales

*essai*

ISBN : 978-1522872375

10  9  8  7  6  5  4  3  2  1

Gabriel Tarde

# Les Lois sociales

*essai*

# Table de Matières

## AVANT-PROPOS

Dans ce petit volume, qui renferme la substance de plusieurs conférences faites au Collège libre des sciences sociales en octobre 1897, j'ai essayé de donner non pas seulement ni précisément le résumé ou la quintessence de mes trois principaux ouvrages de sociologie générale — les Lois de l'Imitation, l'Opposition universelle et la Logique sociale — mais encore et surtout le lien intime qui les unit. Cette connexion, qui a fort bien pu échapper au lecteur de ces livres, est ici mise en lumière par des considérations d'un ordre plus général. Elles permettent, ce me semble, d'embrasser dans un même point de vue ces trois tronçons, séparément publiés, d'une même pensée, ces membra disjecta d'un même corps d'idées. Peut-être me dira-t-on que j'aurais aussi bien fait de présenter tout d'abord en un tout systématique ce que j'ai morcelé en trois publications. Mais, outre que les ouvrages en plusieurs tomes épouvantent avec quelque raison le lecteur contemporain, à quoi bon nous fatiguer à ces grandes constructions unitaires, à ces édifices complets ? Ceux qui nous suivent n'ayant rien de plus presse que de démolir ces bâtisses pour en utiliser les matériaux ou s'en approprier un pavillon détaché, autant vaut-il leur épargner la peine de cette démolition et ne leur livrer sa pensée qu'en fragments. Toutefois à l'usage des esprits singuliers qui se plaisent à reconstruire ce qu'on leur offre à l'état fragmentaire comme les autres à briser ce qu'on leur présente d'achevé, il n'est pas inutile peut-être de joindre aux parties éparses de son œuvre un dessin, une esquisse, indiquant le plan d'ensemble qu'on aurait aimé à exécuter si l'on s'en était senti la force et l'audace. C'est toute la raison d'être de cette mince brochure.

Gabriel Tarde. Avril 1898.

## INTRODUCTION

À parcourir le musée de l'histoire, la succession de ses tableaux barioles et bizarres, à voyager à travers les peuples, tous divers et changeants, la première impression de l'observateur superficiel est que les phénomènes de la vie sociale échappent à toute formule générale, à toute loi scientifique, et que la prétention de fonder une sociologie est une chimère. Mais les premiers pâtres qui ont considéré le ciel étoilé, les premiers agriculteurs qui ont essayé de deviner les secrets de la vie des plantes, ont dû être impressionnés de la même manière par l'étincelant désordre du firmament, par la multiformité de ses météores, par l'exubérante diversité des formes végétales ou animales, et l'idée d'expliquer le ciel et la forêt par un petit nombre de notions logiquement enchaînées sous le nom d'astronomie et de biologie, cette idée, si elle avait pu leur luire, eût été à leurs yeux le comble de l'extravagance. Il n'y a pas moins de complication, en effet, d'irrégularité réelle et de caprice apparent dans le monde des météores ou dans l'intérieur d'une forêt vierge que dans le fouillis de l'histoire humaine.

Comment donc, en dépit de cette diversité ondoyante des états célestes ou des états sylvestres, des choses physiques ou des choses vivantes, est-on parvenu à faire naître et croître peu a peu un embryon de mécanique ou de biologie ? C'est à trois conditions, qu'il importe de distinguer bien nettement pour se faire une notion précise et complète de ce qu'il convient d'entendre par ce substantif et cet adjectif si usités, science et scientifique. — D'abord, on a commencé par apercevoir quelques similitudes au milieu de ces différences, quelques répétitions parmi ces variations : les retours périodiques des mêmes états du ciel, des mêmes saisons, le cours régulièrement répété des âges, jeunesse, maturité, vieillesse, dans les êtres vivants, et les traits communs aux individus d'une même espèce. Il n'y a, point de science de l'individuel comme tel; il n'y a de science que du général, autrement dit de l'individu considère comme répète ou susceptible d'être répete indéfiniment.

La science, c'est un ordre de phénomènes envisagés par le côté de leurs répétitions. Ce qui ne veut pas dire que différencier ne soit pas un des procédés essentiels de l'esprit scientifique. Différencier aussi bien qu'assimiler, c'est faire œuvre de science ; mais ce n'est qu'autant que la chose qu'on discerne est un type tiré dans la nature à un certain nombre d'exemplaires et susceptible même d'une édition indéfinie. Tel est un type spécifique qu'on découvre, qu'on caractérise nettement, mais qui, s'il était jugé être le privilège d'un individu unique et ne pouvoir être transmis à sa postérité, n'aurait point à intéresser le savant, si ce n'est à titre de curiosité

INTRODUCTION

tératologique.

Répétition signifie production conservatrice, causation simple et élémentaire sans nulle création, car l'effet, élémentairement, reproduit la cause, comme le montre la transmission du mouvement d'un corps à un autre ou la communication de la vie d'un être vivant au bourgeon ne de lui. Mais ce n'est pas seulement la reproduction, c'est la destruction des phénomènes qui importe à la science. Aussi la science, à quelque région de la réalité qu'elle s'applique, doit-elle y rechercher, en second lieu, les oppositions qui s'y trouvent et qui lui sont propres : elle s'attachera donc à l'équilibre des forces et à la symétrie des formes, aux luttes des organismes vivants, aux combats de tous les êtres.

Ce n'est pas tout, et ce n'est même pas l'essentiel. Il faut, avant tout, s'attacher aux adaptations des phénomènes, à leurs rapports de coproduction vraiment créatrice. C'est à saisir, à dégager, à expliquer ces harmonies que le savant travaille ; en les découvrant il parvient à constituer cette adaptation supérieure, l'harmonie de son système de notions et de formules avec la coordination interne des réalités.

Ainsi, la science consiste à considérer une réalité quelconque sous ces trois aspects : les répétitions, les oppositions et les adaptations qu'elle renferme, et que tant de variations, tant de dissymétries, tant de dysharmonies empêchent de voir. Ce n'est pas, en effet, le rapport de cause à effet qui, à lui seul, est l'élément propre de la connaissance scientifique. S'il en était ainsi, l'histoire pragmatique, qui est toujours un enchaînement de causes et d'effets, ou l'on nous apprend toujours que telle bataille ou telle insurrection a eu telles conséquences, serait le plus parfait échantillon de la science. L'histoire cependant, nous le savons, ne devient une science que dans la mesure ou les rapports de causalité qu'elle nous signale apparaissent comme établis entre une cause générale, susceptible de répétition ou se répétant en fait, et un effet général, non moins répète ou susceptible de l'être. — D'autre part, les mathématiques ne nous montrent jamais la causalité en œuvre ; quand elles la postulent sous le nom de fonction, c'est en la dissimulant sous une équation. Elles sont pourtant une science et le prototype même de la science. Pourquoi ? Parce que nulle part il n'est fait une élimination plus complète du côté dissemblable et individuel des choses, nulle part elles ne se présentent sous l'aspect d'une répétition plus précise et plus définie, et d'une opposition plus symétrique. La grande lacune des mathématiques est de ne pas voir ou de mal voir les adaptations des phénomènes. De la leur insuffisance si vivement sentie par les philosophes, même et surtout géomètres, tels que Descartes, Comte, Cournot.

La répétition, l'opposition, l'adaptation : ce sont là, je le répète, les trois clefs différentes dont la science fait usage pour ouvrir les arcanes de l'univers. Elle recherche, avant tout, non pas précisément les causes, mais les lois de la répétition, les lois de l'opposition, les lois de l'adaptation des phénomènes. — Ce sont trois sortes de lois qu'il importe de ne pas confondre, mais qui sont aussi solidaires que distinctes : en biologie, par exemple, la tendance des espèces à se multiplier suivant une progression géométrique (loi de répétition) est le fondement de la concurrence vitale et de la sélection (loi d'opposition), et la production des variations individuelles, des aptitudes et des harmonies individuelles différentes, ainsi que la corrélation de croissance (lois d'adaptation) sont nécessaires à leur fonctionnement. — Mais, de ces trois clefs, la première et la troisième sont beaucoup plus importantes que la seconde : la première est le grand passe-partout ; la troisième, plus fine, donne accès aux trésors les plus cachés et les plus précieux ; la seconde, intermédiaire et subordonnée, nous révèle des chocs et des luttes d'une utilité passagère, sorte de moyen terme destiné à s'évanouir peu a peu, quoique jamais complètement, et à ne disparaître même partiellement qu'après de nombreuses transformations et atténuations.

Ces considérations étaient nécessaires pour indiquer ce que la sociologie doit être si elle veut mériter le nom de science, et dans quelles voies doivent la diriger les sociologues s'ils tiennent à cœur de la voir prendre décidément le rang qui lui appartient. Elle n'y parviendra, comme toute autre science, qu'en possédant et en ayant conscience de posséder son domaine propre de répétitions, son domaine propre d'oppositions, son domaine propre d'adaptations, toutes caractéristiques et bien à elle. Elle ne progressera qu'en s'efforçant de substituer toujours comme toutes les autres sciences l'ont fait avant elle, à de fausses répétitions des répétitions vraies, à de fausses oppositions des oppositions vraies, à de fausses harmonies des harmonies vraies, et aussi à des répétitions, à des oppositions, à des harmonies vraies, mais vagues, des répétitions, des oppositions, des adaptations de plus en plus précises. — Plaçons-nous successivement à chacun de ces trois points de vue pour vérifier d'abord si l'évolution des sciences en général, de la sociologie en particulier, s'est faite ou se fait dans le sens que je viens de définir imparfaitement et que je définirai de mieux en mieux; et ensuite pour indiquer les lois du développement social sous chacun de ces aspects.

## CHAPITRE I : RÉPÉTITION DES PHÉNOMÈNES

Mettons-nous en présence d'un grand objet, le ciel étoilé, la mer, une forêt, une foule, une ville. De tous les points de cet objet émanent des impressions qui assiègent les sens du sauvage aussi bien que ceux du savant. Mais, chez ce dernier, ces sensations multiples et incohérentes suggèrent des notions logiquement agencées, un faisceau de formules explicatives. Comment s'est opérée l'élaboration lente de ces sensations en notions et en lois ? Comment la connaissance de ces choses est-elle devenue de plus en plus scientifique ? Je dis que c'est, d'abord, à mesure qu'on y a découvert plus de similitudes ou qu'après avoir cru y voir des similitudes superficielles, apparentes et décevantes, on y a aperçu des similitudes plus réelles, plus profondes. En général, cela signifie qu'on a passé de similitudes et de répétitions de masse complexes et confuses, à des similitudes et à des répétitions de détail, plus difficiles à saisir, mais plus précises, élémentaires et infiniment nombreuses autant qu'infinitésimales. — Et c'est seulement après avoir aperçu ces similitudes élémentaires que les similitudes supérieures, plus amples, plus complexes, plus vagues, ont pu être expliquées et réduites à leur juste valeur. — Ce progrès s'est opéré chaque fois qu'on résolvait en combinaisons de similitudes bien des originalités distinctes qu'on avait jugées sui generis. Ce qui ne veut pas dire que la science, en progressant, fasse évanouir ni même diminuer, en somme, la proportion des originalités phénoménales, des aspects non répétés de la réalité. Non, sous le regard le plus perçant de l'observateur, les originalités de masse, grosses et voyantes, se dissolvent, il est vrai, mais au profit d'originalités plus profondes et plus cachées, qui vont se multipliant indéfiniment, aussi bien que les uniformités élémentaires.

Appliquons cela au ciel étoilé. Il y a eu un commencement de science astronomique des le moment où des pâtres oisifs et curieux ont remarqué la périodicité des révolutions célestes apparentes, lever et coucher des étoiles, promenades circulaires du Soleil et de la Lune, succession régulière et retour régulier de leurs emplacements dans le ciel. Mais alors à la généralité de cette unique et grandiose révolution circulaire, certains astres paraissaient faire exception : les étoiles errantes, les planètes, auxquelles on prêtait une marche capricieuse, différente d'elle-même et des autres à chaque instant, Jusqu'à ce qu'on se fût aperçu qu'il y avait de la régularité dans ces anomalies mêmes. On jugeait d'ailleurs semblables entre elles toutes les étoiles fixes ou errantes, soleils ou planètes, y compris les étoiles filantes, et l'on n'établissait de différence tranchée qu'entre elles et le Soleil ou la Lune, qui étaient réputés les seuls astres vraiment originaux du firmament.

Or l'astronomie a progressé quand, d'une part, à l'apparence de cette énorme et unique rotation du ciel tout entier, on a substitué la réalité d'une multitude innombrable de petites rotations très différentes entre elles et nullement synchroniques mais dont chacune se répète indéfiniment ; quand, d'autre part, l'originalité du soleil a disparu, remplacée par celle, plus difficile à apercevoir, de chaque étoile, soleil d'un système invisible, centre d'un monde planétaire analogue au tourbillon de nos planètes.

L'astronomie a fait un plus grand pas encore quand les différences de ces gravitation sidérales, dont la généralité sans nulle exception n'excluait pas l'inégalité en vitesse, en distance, en ellipticité, etc., se sont évanouies devant la loi de l'attraction newtonienne qui a présente toutes ces périodicités de mouvement, depuis les plus petites jusqu'aux plus grandes, depuis les plus rapides jusqu'aux plus lentes, comme la répétition incessante et continue d'un fait toujours le même, l'attraction en raison directe des masses et en raison inverse du carre de distances. — Et ce serait bien mieux encore si, expliquant ce fait lui-même à son tour par une hypothèse audacieuse, toujours chassée et toujours obsédante, on y voyait l'effet de poussées d'atomes éthérés, poussées dues à des vibrations atomiques d'une inimaginable exiguïté, autant que d'une inconcevable multiplicité.

N'ai-je donc pas raison de dire que la science astronomique a de tout temps travaillé sur des similitudes et des répétitions, et que son progrès a consisté, à partir de similitudes et de répétitions uniques ou en très petit nombre, gigantesques et apparentes, pour aboutir à une infinité d'infinitésimales similitudes et répétitions, réelles et élémentaires, qui d'ailleurs, en apparaissant, ont donné l'explication des premières ?

Et est-ce à dire — entre parenthèses — que le ciel ait rien perdu de son pittoresque au fur et à mesure des progrès de l'astronomie ? Nullement. D'abord, la précision croissante des instruments et des observations a fait distinguer dans les gravitations répétées des astres bien des différences auparavant inaperçues et sources de nouvelles découvertes, — de celle de Leverrier notamment. Puis, le firmament s'est amplifié chaque jour davantage, et, dans son immensité accrue, les inégalités des astres, des groupes d'astres, en volume, en vitesse, en particularités physiques, se sont accentuées. Les variétés de configuration des nébuleuses se sont multipliées, et quand, par le spectroscope, chose inouïe, on a pu analyser si merveilleusement la composition chimique des corps célestes, on a constaté entre eux des dissemblances qui donnent lieu d'en affirmer de profondes entre les êtres qui les peuplent. Enfin, on a mieux vu la géographie des astres les plus voisins, et, si on juge des autres d'après ceux-ci, on doit croire — après avoir étudié les canaux de Mars, par exemple — que chacune des planètes sans nombre gravitant sur nos têtes ou sous nos pieds à ses accidents caractéristiques, sa mappemonde spéciale, ses particularités locales, qui, la comme chez-nous, donnent à tout coin du sol son charme à part et impriment, sans nul doute, l'amour de la terre natale au cœur de ses habitants, quels qu'ils soient.

Ce n'est pas tout, à mon avis, — mais je le dis bien bas, de peur d'encourir le grave reproche de faire de la métaphysique... je crois qu'il est impossible d'expliquer les dissemblances dont je parle, — ne serait-ce que ces inégalités d'emplacement et cette capricieuse distribution de matière à travers l'espace — dans l'hypothèse, trop chère aux chimistes, en cela vraiment métaphysiciens, eux, d'éléments atomiques parfaitement semblables. Je crois que la

Gabriel Tarde

prétendue loi de Spencer sur l'instabilité de l'homogène n'explique rien, et que, par suite, la seule manière d'expliquer la floraison des diversités exubérantes à la surface des phénomènes est d'admettre au fond des choses une foule tumultueuse d'éléments individuellement caractérisés. Ainsi, de même que les similitudes de masse se sont résolues en similitudes de détail, les différences de masse, grossières et bien visibles, se sont transformées en différences de détail infiniment fines. Et, de même que les similitudes de détail permettent seules d'expliquer les similitudes d'ensemble, pareillement les différences de détail, ces originalités élémentaires et invisibles que je soupçonne, permettent seules d'expliquer les différences apparentes et volumineuses, le pittoresque de l'univers visible.

Voilà pour le monde physique. Pour le monde vivant, il n'en va pas autrement. Plaçons-nous, comme l'homme primitif, au milieu d'une forêt. Il y a la toute la faune et toute la flore d'une région, et nous savons maintenant que les phénomènes si dissemblables présentés par ces plantes et ces animaux divers se résolvent, au fond, en une multitude de petits faits infinitésimaux résumés par les lois de la biologie, de la biologie animale ou végétale, peu importe ; on confond les deux à présent. Mais, au début, on différenciait profondément ce que nous assimilons, tandis qu'on assimilait bien des choses que nous différencions. Les similitudes et les répétitions qu'on apercevait, et dont se nourrissait la science naissante des organismes, étaient superficielles et décevantes : on assimilait des plantes sans parenté entre elles, dont le feuillage et le port se ressemblaient vaguement, pendant qu'on tranchait un abîme entre les plantes de la même famille, mais de silhouette et de taille très inégales. La science botanique a progressé quand elle a appris la subordination des caractères dont les plus importants, c'est-à-dire les plus répétés et les plus significatifs -comme accompagnes d'un cortège d'autres similitudes -n'étaient pas les plus voyants, mais, au contraire, les plus cachés, les plus menus, à savoir ceux qui sont tirés des organes de la génération, le fait d'avoir un ou deux cotylédons, par exemple, ou de n'en avoir pas.

Et la biologie, synthèse de la zoologie et de la botanique, est née le jour ou la théorie cellulaire a montré que, chez les animaux comme chez les plantes, l'élément, indéfiniment répété, était la cellule, la cellule ovulaire d'abord, puis toutes les autres qui en procèdent, — et que le phénomène vital élémentaire est la répétition indéfinie par chaque cellule des modes de nutrition et d'activité, de croissance et de prolifération, dont elle a reçu le dépôt traditionnel en héritage et qu'elle transmettra fidèlement à sa postérité. Cette conformité aux précédents qu'on appelle l'habitude ou l'hérédité — disons l'hérédité en un seul mot, l'habitude n'étant qu'une hérédité interne comme l'hérédité n'est qu'une habitude extériorisée — est la forme proprement vitale de la répétition, comme l'ondulation ou, en général, le mouvement périodique, en est la forme physique, comme l'imitation, nous le verrons, en est la forme sociale.

Nous voyons donc que le progrès de la science des êtres vivants a eu pour effet de faire tomber entre eux, graduellement, toutes les barrières au point de vue de leurs similitudes et de leurs répétitions, en substituant, là aussi, à des ressemblances grossières et apparentes, volumineuses et peu nombreuses, des ressemblances très précises, innombrables et infinitésimales, qui seules donnent la raison des autres. — Mais, en même temps, des distinctions multiples apparaissaient, et, non seulement l'originalité individuelle de chaque organisme devenait plus saillante, mais on était forcé d'admettre aussi des originalités cellulaires, ovulaires d'abord: car est-il rien de plus semblable en apparence que deux ovules, et est-il rien, en réalité, de plus différent que leur contenu ? Après avoir expérimenté l'insuffisance des explications tentées par Darwin ou Lamarck de l'origine des espèces, — dont la parente d'ailleurs, la descendance, l'évolution, demeure au-dessus de toute contestation — il faut convenir que la cause vraie de l'espèce est le secret des cellules, l'invention en quelque sorte de quelque ovule initial d'une originalité particulièrement féconde.

Eh bien, je prétends que, si maintenant nous envisageons une ville, une foule, une armée, au lieu d'une forêt ou du firmament, les considérations précédentes trouveront leur application en science sociale, comme elles l'ont trouvée en astronomie et en biologie. Ici pareillement, on a passé de généralisations hâtives fondées sur des analogies vaines et factices, grandioses et illusoires, à des généralisations appuyées sur des amas de petits faits semblables, d'une similitude relativement nette et précise.

Il y a longtemps que la sociologie travaille à se faire. Elle a essayé ses premiers balbutiements des que, dans le chaos confus des faits sociaux, on a démêlé ou cru démêler quelque chose de périodique et de régulier. C'était déjà un premier tâtonnement sociologique que la conception antique de la grande année cyclique à l'expiration de laquelle tout, dans le monde social comme dans le monde naturel, se reproduisait dans le même ordre. À cette fausse et unique répétition d'ensemble, accueillie par le chimérique talent de Platon, Aristote fit succéder les répétitions de détail, souvent vraies, mais toujours bien vagues et difficiles à serrer de près, qu'il formule dans sa Politique, à propos de ce qu'il y a de plus superficiel ou de moins profond dans la vie sociale, la succession des formes gouvernementales. Arrêtée alors, l'évolution de la sociologie a recommencé ab ovo dans les temps modernes. Les ricorsi de Vico sont la reprise et la découpure des cycles antiques, avec moins de chimère ; cette thèse, ainsi que celle de Montesquieu sur la prétendue ressemblance des civilisations écloses sous le même climat, sont deux bons exemples des répétitions et des similitudes superficielles ou illusoires dont la science sociale devait se nourrir avant d'avoir trouvé un aliment plus substantiel. Chateaubriand, dans son Essai sur les révolutions, développait un long parallèle entre la révolution d'Angleterre et la révolution française, et s'amusait aux rapprochements les plus superficiels. D'autres fondaient de grandes prétentions théoriques sur de vaines analogies établies entre le génie punique et le génie anglais, ou bien entre l'empire romain et l'empire anglais... Cette prétention d'enfermer les faits sociaux dans des formules de développement, qui les contraindraient à se répéter en masse avec d'insignifiantes variations, a été jusqu'ici le leurre de la sociologie, soit sous la forme déjà plus précise que lui a donnée Hegel avec ses séries de triades, soit sous la forme plus savante encore, plus précise encore et moins éloignée de la vérité, qu'elle a reçue des évolutionnistes contemporains. Ceux-ci, à propos des transformations du droit, notamment du régime de la famille et du régime de la propriété, — à propos des transformations du langage, de la religion, de l'industrie, des beaux-arts, — ont hasardé des lois générales, d'une certaine netteté, qui assujettiraient la marche des sociétés, sous ces divers aspects, à passer et à repasser par les mêmes sentiers de phases successives, arbitrairement tracés. Il a fallu reconnaître que ces prétendues règles sont rongées d'exceptions, et que l'évolution linguistique, juridique, religieuse, politique, économique, artistique, morale, est non pas une route unique, mais un réseau de voies ou les carrefours abondent.

Heureusement, à l'ombre et à l'abri de ces ambitieuses généralisations, des travailleurs plus modestes s'efforçaient, avec plus de succès, de noter des lois de détail tout autrement solides. C'étaient les linguistes, les mythologues, les économistes surtout. Ces spécialistes de la sociologie ont aperçu nombre de rapports intéressants entre faits consécutifs ou concomitants, rapports qui se reproduisent à chaque instant dans les limites du petit domaine qu'ils étudient : on trouve dans la Richesse des nations d'Adam Smith et dans la Grammaire comparée des langues indo-européennes de Bopp, ou dans l'ouvrage de Dietz, pour ne citer que ces trois ouvrages, une foule d'aperçus de ce genre, où s'exprime la similitude d'innombrables actions humaines en fait de prononciation de certaines consonnes ou de certaines voyelles, d'achats ou de ventes, de productions ou de consommations de certains articles, etc. Il est vrai que ces similitudes elles-mêmes, quand les linguistes ou les économistes ont essaye de les formuler en lois, ont donne lieu à des lois imparfaites, relatives au plerumque fit; mais c'est parce qu'on s'était trop pressé de les énoncer, avant d'avoir dégagé, du sein de ces vérités partielles, la vérité vraiment générale qu'elles impliquent, le fait social élémentaire que la sociologie poursuit obscurément et qu'elle doit atteindre pour éclore.

Or cette explication générale à la fois des lois ou pseudo-lois économiques, linguistiques, mythologiques ou autres, on a souvent eu le pressentiment qu'il convenait de la demander à la psychologie. Nul ne l'a compris avec plus de force et de clarté que Stuart Mill. A la fin de sa Logique, il conçoit la sociologie comme la psychologie appliquée. Le malheur est qu'il a mal précisé sa pensée et que la psychologie a laquelle il s'est adressé pour avoir la clef des phénomènes sociaux était la psychologie simplement individuelle, celle qui étudie les relations internes des impressions ou des images, dans le sein d'un même cerveau et qui croit rendre compte de tout, dans ce domaine, par les lots de l'association des ces éléments internes. Ainsi conçue, la sociologie devenait une sorte d'associationnisme anglais agrandi et extériorise, et perdait

Gabriel Tarde

son originalité. Ce n'est point à cette psychologie intra-cérébrale précisément ou uniquement, c'est, avant tout, à la psychologie inter-cérébrale, à celle qui étudie la mise en rapports conscients de plusieurs individus, et d'abord de deux individus, qu'il convient de demander le fait social élémentaire, dont les groupements ou les combinaisons multiples constituent les phénomènes soi-disant simples, objets des sciences sociales particulières. Le contact d'un esprit avec un autre esprit est, en effet, dans la vie de chacun d'eux, un événement tout à fait à part, qui se détache vivement de l'ensemble de leurs contacts avec le reste de l'univers et donne lieu à des états d'âme des plus imprévus, des plus inexpliqués par la psychologie physiologique .

Ce rapport d'un sujet avec un objet qui lui-même est un sujet est non pas une perception qui ne ressemble en rien à la chose perçue et qui autorise par là le sceptique idéaliste à révoquer en doute la réalité de celle-ci, mais bien la sensation d'une chose sentante, la volition d'une chose voulante, la croyance en une chose croyante, en une personne, en un mot, ou la personne percevante se reflète et qu'elle ne saurait nier sans se nier elle-même. Cette conscience d'une conscience est l'inconcussum quid que cherchait Descartes et que le moi individuel ne lui a pu fournir. En outre, cette relation singulière est non pas une impulsion physique reçue ou donnée, un transport de force motrice du sujet à l'objet inanimé ou vice versa, suivant qu'il s'agit d'un état actif ou passif, mais une transmission de quelque chose d'intérieur, de mental, qui passe de l'un des deux sujets à l'autre sans être, chose étrange, perdu ni amoindri en rien pour le premier. Et qu'est-ce qui peut donc être transmis ainsi d'une âme à une âme par leur mise en rapport psychologique ? Est-ce leurs sensations, leurs états affectifs ? Non, cela est incommunicable, essentiellement. Tout ce que deux sujets peuvent se communiquer en ayant conscience de se le communiquer, de manière à se sentir par la plus unis et plus semblables, ce sont leurs notions et leurs volitions, leurs jugements et leurs desseins, formes qui peuvent rester les mêmes malgré la différence de leur contenu, produits de l'élaboration spirituelle qui s'exerce sur n'importe quels signes sensitifs presque indifféremment. Aussi ne diffère-t-elle pas sensiblement en passant d'un esprit du type visuel à un esprit du type acoustique ou moteur, si bien que les idées géométriques d'un aveugle-né sont exactement celles des géomètres doues de la vue et qu'un plan de campagne suggéré par un général d'humeur bilieuse et mélancolique à des généraux de tempérament vif et sanguin ou flegmatique et résigne, ne laisse pas d'être tout à fait le même : il suffit pour cela qu'il ait trait à la même série d'opérations, et d'autre part, qu'il soit voulu par eux avec une force égale de désir, en dépit de la manière de sentir toute spéciale, tout individuelle, qui pousse chacun d'eux à désirer. L'énergie de tendance psychique, d'avidité mentale, que j'appelle le désir, est, comme l'énergie de saisissement intellectuel, d'adhésion et de constriction mentale, que j'appelle la croyance, un courant homogène et continu qui, sous la variable coloration des teintes de l'affectivité propre à chaque esprit, circule identique, tantôt divise, éparpillé, tantôt concentre, et qui, d'une personne à une autre, aussi bien que d'une perception à une autre dans chacune d'elles, se communique sans altération.

Quand j'ai dit que toute science vraie aboutit à un domaine propre de répétitions élémentaires, innombrables et infinitésimales, c'est comme si j'avais dit que toute science vraie repose sur des qualités qui lui sont spéciales. Quantité, en effet, c'est possibilité de séries infinies de similitudes et de répétitions infiniment petites. Voila pourquoi je me suis permis d'insister ailleurs sur le caractère quantitatif des deux énergies mentales qui, comme deux fleuves divergents, arrosent le double versant du moi, son activité intellectuelle et son activité volontaire. Si on nie ce caractère, on déclare impossible la sociologie. Mais on ne peut le nier sans se refuser à l'évidence, et la preuve que les quantités dont il s'agit sont bien proprement sociales, c'est que leur nature quantitative apparaît d'autant mieux, saisit l'esprit avec une netteté d'autant plus vive, qu'on les envisage en masses plus volumineuses, sous la forme de courants de foi ou de passion populaire, de convictions traditionnelles ou d'opiniâtretés coutumières, embrassant des groupes d'hommes plus nombreux. Plus une collectivité s'accroît et plus la hausse ou la baisse de l'opinion, c'est-à-dire du croire ou du vouloir national, affirmatif ou négatif, relativement à un objet donné — hausse ou baisse exprimée notamment par les cotes de la Bourse — y devient susceptible de mesure et comparable aux mouvements de la température ou de la pression atmosphérique ou à la force vive d'une chute d'eau. C'est parce qu'il en est ainsi que la statistique se développe de plus en plus facilement quand les États s'agrandissent ; la statistique, dont l'objet propre est de rechercher et de démêler des quantités vraies dans le fouillis des faits sociaux et qui y réussit d'autant mieux qu'elle s'attache à mesurer, au fond, à travers les actes humains additionnés par elle, des masses de croyances et de désirs. La statistique des valeurs de Bourse exprime les variations de la confiance publique dans le succès de telles ou telles entreprises, dans la solvabilité de tels ou tels États emprunteurs, et les variations du désir public, de l'intérêt public, auquel il est donné satisfaction par ces emprunts ou ces entreprises. La statistique industrielle ou agricole exprime l'importance des besoins généraux qui réclament la production de tels ou tels articles ou la convenance présumée des moyens mis en œuvre pour y répondre. La statistique judiciaire elle-même n'est intéressante à consulter dans ses dénombrements de procès ou de délits que parce qu'on y lit, à travers les lignes, la progression ou la régression, année par année, de la proportion des désirs publics engagés dans les voies processives ou délictueuses, par exemple de la tendance à divorcer ou de la tendance à voler, et aussi bien de la proportion des espérances publiques tournées du côté de certains procès ou de certains délits. Il n'est pas jusqu'à la statistique de la population qui, en tant que sociologique — car elle est simplement biologique à d'autres égards et a trait à la propagation de l'espèce en même temps qu'a la durée et aux progrès des institutions sociales — exprime la croissance ou la décroissance du désir de paternité et de maternité, du désir du mariage, ainsi que de la persuasion générale qu'on trouve le bonheur à se marier et à former des unions fécondes.

Mais à quelle condition les forces de croyance et de désir emmagasinées dans des individus distincts peuvent-elles légitimement être additionnées ? A la condition d'avoir le même objet, de porter sur une même idée à affirmer, sur une même action à exécuter. Mais comment cette convergence de direction, qui rend les énergies individuelles susceptibles de former un tout social, s'est-elle produite ? Est-ce spontanément, par une rencontre fortuite ou une sorte d'harmonie préétablie ? Non, si ce n'est dans des cas bien rares, et encore ces exceptions apparentes, si on avait le temps de les presser, se trouveraient-elles confirmer la

CHAPITRE I : RÉPÉTITION DES PHÉNOMÈNES

règle. Cette conformité minutieuse des esprits et des volontés qui constitue le fondement de la vie sociale, même aux temps les plus troubles, cette présence simultanée de tant d'idées précises, de tant de buts et de moyens précis, dans tous les esprits et dans toutes les volontés d'une même société à un moment donné, je prétends qu'elle est l'effet, non pas de l'hérédité organique qui a fait naître les hommes assez semblables entre eux, ni de l'identité du milieu géographique qui a offert à des aptitudes à peu près pareilles des ressources à peu près égales, mais bien de la suggestion-imitation qui, a partir d'un premier créateur d'une idée ou d'un acte, en a propagé l'exemple de proche en proche. Les besoins organiques, les tendances spirituelles, n'existent en nous qu'à l'état de virtualités réalisables sous les formes les plus diverses malgré leur vague similitude primordiale ; et, parmi ces réalisations possibles, c'est l'indication d'un premier initiateur imité qui déterminé le choix de l'une d'elles.

Revenons donc au couple social élémentaire, dont je parlais tout à l'heure, le couple non pas de l'homme et de la femme qui s'aiment — ce couple-la, en tant que sexuel, est purement vital, — mais bien le couple de deux personnes, à quelque sexe qu'elles appartiennent, dont l'une agit spirituellement sur l'autre. Je prétends que le rapport de ces deux personnes est l'élément unique et nécessaire de la vie sociale, et qu'il consiste toujours, originairement en une imitation de l'une par l'autre. Mais il s'agit de bien comprendre ceci pour ne pas tomber sous le coup de vaines et superficielles objections. Ce qu'on ne saurait me contester, c'est qu'en disant, en faisant, en pensant n'importe quoi, une fois engagés dans la vie sociale, nous imitons autrui à chaque instant, à moins que nous n'innovions, ce qui est rare ; encore est-il facile de montrer que nos innovations sont en majeure partie des combinaisons d'exemples antérieurs, et qu'elles restent étrangères à la vie sociale tant qu'elles ne sont pas imitées. Vous ne dites pas un mot qui ne soit pas la reproduction inconsciente maintenant, mais d'abord consciente et voulue, d'articulations verbales remontant au plus haut passé, avec un accent propre à votre entourage ; vous n'accomplissez pas un rite de votre religion, signe de croix, baisement d'icône, prière, qui ne reproduise des gestes et des formules traditionnels, c'est-à-dire formes par l'imitation des ancêtres ; vous n'exécutez pas un commandement militaire ou civil quelconque, vous ne faites pas un acte quelconque de votre métier qui ne vous ait été enseigné et que vous n'ayez copie sur un modèle vivant ; vous ne donnez pas un coup de pinceau, si vous êtes peintre, vous n'écrivez pas un vers, si vous êtes poète, qui ne soit conforme aux habitudes ou à la prosodie de votre école, et votre originalité même est faite de banalités accumulées et aspire à devenir banale à son tour.

Ainsi, le caractère constant d'un fait social, quel qu'il soit, est bien d'être imitatif. Et ce caractère est exclusivement propre aux faits sociaux. Sur ce point cependant, il m'a été fait par M. Giddings — qui d'ailleurs, avec un talent remarquable, s'est placé assez fréquemment à mon point de vue sociologique — une objection spécieuse ; on s'imite, dit-il, d'une société à une autre, on s'imite même entre ennemis, on s'emprunte des armements, des ruses de guerre, des secrets de métier. Le champ de l'imitativité donc dépasse celui de la socialité et ne saurait être la caractéristique de celui-ci . Mais l'objection a lieu de m'étonner de la part d'un auteur qui regarde la lutte entre sociétés comme un puissant agent de leur socialisation ultérieure, de leur communion en une société plus ample, élaborée par leurs batailles mêmes. Et, de fait, n'est-il pas visible que, dans la mesure où les peuples rivaux, où les peuples ennemis s'assimilent leurs institutions, ils tendent à se fusionner ? Il est donc bien certain que, non seulement entre individus associés déjà, chaque acte nouveau d'imitation tend à conserver ou à fortifier le lien social, mais encore qu'entre individus non encore associés, elle prépare l'association de demain, c'est-à-dire tisse déjà par des fils invisibles ce qui deviendra un lien manifeste.

Quant à d'autres objections qui m'ont été faites, comme elles proviennent toutes d'une très incomplète intelligence de mes idées, je ne m'y arrête pas. Elles tombent d'elles mêmes aux yeux de qui s'est placé nettement à mon point de vue. Je renvoie à mes ouvrages à cet égard.

Mais il ne suffit point de reconnaître ce caractère imitatif de tout phénomène social. Je dis, en outre, qu'à l'origine, ce rapport d'imitation a existé non pas entre un individu et une masse confuse d'hommes comme assez souvent plus tard, mais entre deux individus seulement dont l'un, enfant, naît a la vie sociale, et dont l'autre, adulte, déjà socialise depuis longtemps, lui sert de modèle individuel. C'est en avançant dans la vie que nous nous réglons souvent sur des modèles collectifs et impersonnels en même temps qu'inconscients d'ordinaire; mais, avant de parler, de penser, d'agir comme on parle, comme on pense, comme on agit dans notre monde, nous avons commence par parler, penser, agir, comme il ou elle parle, pense, agit. Et ce il ou cette elle, c'est tel ou tel de nos familiers. Au fond de on, en cherchant bien, nous ne trouverons jamais qu'un certain nombre de ils et de elles qui se sont brouilles et confondus en se multipliant. — Si simple que soit cette distinction, elle est oubliée par ceux qui, dans une institution et une œuvre sociale quelconque, contestent à l'initiative individuelle le rôle créateur, et croient dire quelque chose en professant, par exemple, que les langues et les religions sont des œuvres collectives, que les foules, les foules sans nul meneur, ont fait le grec, le sanscrit, l'hébreu, le bouddhisme, le christianisme, et qu'enfin, c'est par l'action coercitive de la collectivité sur l'individu petit ou grand, toujours modèle et asservi, nullement par l'action suggestive et contagieuse des individus d'élite sur la collectivité, que s'expliquent les formations et les transformations des sociétés. En réalité, de telles explications sont illusoires, et leurs auteurs ne s'aperçoivent pas qu'en postulant de la sorte une force collective, une similitude de millions d'hommes à la fois sous certains rapports, ils éludent la difficulté majeure, la question de savoir comment a pu avoir lieu cette assimilation générale. On y répond précisément en poussant l'analyse jusqu'où je l'ai conduite, jusqu'à la relation inter-cérébrale de deux esprits, au reflet de l'un par l'autre, et c'est seulement alors que l'on pourra s'expliquer ces unanimités partielles, ces conspirations des cœurs, ces communions des esprits qui, une fois formées et perpétuées par la tradition, imitation des ancêtres, exercent une pression si souvent tyrannique, encore plus souvent salutaire, sur l'individu . C'est donc à cette relation que le sociologue doit s'attacher, comme l'astronome s'attache au rapport de deux masses attirantes et attirées ; c'est à elle qu'il doit demander la clé du mystère social, la formule de quelques lois simples, universellement vraies, qui peuvent être démêlées au milieu du chaos apparent de l'histoire et de la vie humaines.

Ce que je tiens à faire remarquer pour le moment, c'est que la sociologie ainsi comprise diffère des anciennes conceptions

Gabriel Tarde

régnantes sous ce nom comme l'astronomie des modernes diffère de celle des Grecs, ou comme la biologie, depuis la théorie cellulaire, diffère de l'histoire naturelle d'autrefois . Autrement dit, elle repose sur un fondement de similitudes et de répétitions élémentaires et vraies, infiniment nombreuses et extrêmement précises, qui se sont substituées, comme matière première de l'élaboration scientifique, à de fausses ou vagues et décevantes analogies en très petit nombre.

— Et j'ajoute de même que, si le côté similaire des sociétés a progressé en étendue et en profondeur par cette substitution, leur côté différentiel n'a pas moins gagné au change. Il faut renoncer sans doute, dorénavant, à ces différences factices que la « philosophie de l'histoire » établissait entre les peuples successifs, sortes de grands personnages d'un même drame immense où chacun avait son rôle providentiel à jouer. Il n'est plus permis, par suite, d'entendre cette expression dont on a tant abusé, le génie d'un peuple ou d'une race, et aussi bien le génie d'une langue, le génie d'une religion, comme l'entendaient certains de nos devanciers, Renan et Taine encore. A ces génies collectifs, entités ou idoles métaphysiques, on prêtait une originalité imaginaire, d'ailleurs assez mal définie ; on leur attribuait certaines prédispositions, soi-disant invincibles, à des types grammaticaux, à des conceptions religieuses, à des formes gouvernementales déterminées ; on leur supposait, par contre, certaines incompatibilités absolues à l'égard des conceptions ou des institutions empruntées à tels ou tels de leurs rivaux. Le génie sémitique, par exemple, était réputé absolument réfractaire au polythéisme, au système analytique des langues modernes, au gouvernement parlementaire ; le génie grec, au monothéisme, le génie chinois et le génie japonais à toutes nos institutions et à toutes nos conceptions européennes, en général... Si les faits protestaient contre cette théorie ontologique, on les torturait pour les contraindre à la confesser ; il était inutile de faire remarquer à ces théoriciens la profondeur des transformations subies par la propagation d'une religion prosélytique, d'une langue, d'une institution telle que le jury, par exemple, bien au-delà des frontières de son peuple et de sa race d'origine, en dépit des obstacles que les génies des autres nations et des autres races auraient dû lui opposer invinciblement. On répondait en remaniant l'idée, en distinguant au moins entre les races nobles et inventives, seules investies du privilège de découvrir et de propager des découvertes, et les races nées pour la servitude sans nulle intelligence des langues, des religions, des idées qu'elles empruntent ou paraissent emprunter aux premières. D'ailleurs, on niait la possibilité, pour ce prosélytisme conquérant d'une civilisation sur d'autres civilisations, d'un génie populaire sur d'autres génies populaires, de franchir certaines limites, et notamment d'européaniser la Chine et le japon. Pour ce dernier, la preuve du contraire est faite, elle va se faire bientôt pour l'Empire du Milieu.

À la longue, il faudra bien ouvrir les yeux à l'évidence, et reconnaître que le génie d'un peuple ou d'une race, au lieu d'être le facteur dominant et supérieur des génies individuels qui sont censés être ses rejetons et ses manifestations passagères, est tout simplement l'étiquette commode, la synthèse anonyme de ces originalités personnelles, seules véritables, seules efficaces et agissantes à chaque instant, innombrablement, qui sont en fermentation continue au sein de chaque société grâce à des emprunts incessants et à un échange fécond d'exemples avec les sociétés voisines. Le génie collectif, impersonnel, est donc fonction et non facteur des génies individuels, infiniment nombreux; il en est la photographie composite, il ne doit pas en être le masque. Et nous n'aurons certes rien à regretter, en fait de pittoresque social, propre à retenir l'historien artiste, quand, à travers cette fantasmagorie, plutôt éclairée que dissipée, de quelques, grands acteurs historiques vaguement caractérises, appelés Égypte, Rome, Athènes, etc., nous apercevrons un fourmillement d'individualités novatrices, chacune sui generis, marquée à son propre sceau distinct, reconnaissable entre mille.

Je puis donc conclure encore une fois que, par l'introduction de ce point de vue sociologique, nous aurons fait précisément ce que font toutes les autres sciences en avançant, remplacé des similitudes et des différences fausses ou vagues, en petit nombre, par d'innombrables similitudes et différences vraies et précises ; ce qui est double profit pour l'artiste et le savant, et avant tout pour le philosophe qui doit, à moins de n'être rien de distinct, synthétiser les deux.

Quelques remarques encore. Aussi longtemps qu'on n'a pas eu découvert de fait astronomique élémentaire, l'attraction suivant la loi newtonienne, ou du moins la gravitation elliptique, il y a eu des connaissances astronomiques hétérogènes, une science de la Lune, sélénologie, une science du Soleil, héliologie, etc., mais non l'astronomie. — Aussi longtemps qu'on n'a pas aperçu de fait chimique élémentaire (affinité, combinaison en proportions définies), il y a eu des connaissances chimiques, des chimies spéciales, du fer, de l'étain, du cuivre, etc., mais non la chimie. — Aussi longtemps qu'on n'a pas eu découvert le fait physique essentiel, la communication ondulatoire du mouvement moléculaire, il y a eu des connaissances physiques, l'optique, l'acoustique, la thermologie, l'électrologie, mais non la physique. — La physique est devenue la physico-chimie, la science de la nature inorganique tout entière, quand on a entrevu la possibilité de tout y expliquer par les lois fondamentales de la mécanique, c'est-à-dire quand on a cru découvrir, comme fait inorganique élémentaire, la réaction égale et contraire à l'action, la conservation de l'énergie, la réduction de toutes les forces en formes du mouvement, l'équivalent mécanique de la chaleur, de l'électricité, de la lumière, etc. Enfin, avant la découverte des analogies existant, au point de vue de la reproduction, entre les animaux et les plantes, il y avait non pas même une botanique et une zoologie, mais des botaniques et des zoologies, c'est-à-dire une hippologie si l'on veut, une cynologie, etc. Mais la découverte des similitudes dont il s'agit ne donnait qu'une bien partielle unité à toutes ces sciences éparses, à ces membra disjecta de la biologie future. La biologie n'a réellement pris naissance que lorsque la théorie cellulaire est venue montrer le fait vital élémentaire, le fonctionnement de la cellule (ou de l'élément histologique) et sa prolifération, continuée par l'ovule, cellule lui-même, en sorte que la nutrition et la génération étaient vues par la sous un même angle.

Eh bien, il s'agit maintenant et pareillement de faire, après les sciences sociales, la science sociale. Il y a eu, en effet, des sciences sociales, au moins en ébauche, des commencements de science politique, de linguistique, de mythologie comparée, d'esthétique, de morale, une économie politique déjà assez avancée, longtemps avant qu'il y ait eu l'embryon même de la sociologie. La sociologie suppose un fait social élémentaire. Elle le suppose si bien que, lorsqu'elle n'était pas encore parvenue à le découvrir, — peut-être parce qu'il lui crevait les yeux, qu'on me pardonne cette expression, — elle le rêvait, elle l'imaginait sous la forme de l'une de ces vaines et imaginaires similitudes qui encombrent le berceau de toutes les sciences, et croyait dire quelque chose de profondément instructif en concevant une société comme un grand organisme, l'individu (ou la famille suivant d'autres) comme la cellule sociale, et toute forme de l'activité sociale comme une fonction en quelque sorte cellulaire. J'ai déjà fait les plus grands efforts, avec la plupart des sociologues, pour déblayer la science naissante de cette encombrante conception. Mais encore un mot à ce sujet.

La connaissance scientifique sent si bien le besoin de s'appuyer avant tout sur des similitudes et des répétitions, que, lorsqu'elle n'en a pas sous la main, elle en crée, je le répète, d'imaginaires en attendant les vraies ; et, à ce point de vue, il faut classer la fameuse métaphore de l'organisme social parmi beaucoup d'autres conceptions symboliques qui ont eu la même utilité passagère. Aux origines de toute science, aussi bien que de toute littérature, l'allégorie a joué un rôle immense. En mathématiques, nous avons les rêveries allégoriques de Pythagore et de Platon avant les solides généralisations d'Archiméde. L'astrologie et la magie, vestibule de l'astronomie, balbutiement de la chimie, sont fondées sur le postulat de l'universelle allégorie plutôt que sur celui de l'universelle analogie; elles admettent une harmonie préétablie, entre les positions de certaines planètes et les destinées de certains hommes, entre telle action simulée et telle action réelle, entre la nature d'une substance chimique et celle du corps céleste dont elle porte le nom, etc. N'oublions pas le caractère symbolique des primitives procédures, des actions de la loi en droit romain, anciens tâtonnements de la jurisprudence. Notons aussi, — puisque la théologie a été une science de nos aïeux, aussi bien que la jurisprudence, — l'abus des sens figures prêtes aux récits bibliques par les plus anciens théologiens, qui voyaient dans l'histoire de Jacob la copie anticipée de celle du Christ ou qui symbolisaient les amours du Christ et de son église par ceux de l'époux ou de l'épouse dans le Cantique des Cantiques. Ainsi commence la science théologique du moyen âge, comme la littérature moderne par le Roman de la Rose. Il y a loin de ces idées à la Somme de saint Thomas d'Aquin. — jusqu'en notre siècle, nous trouvons un dernier vestige de ce mysticisme

Gabriel Tarde

symbolique dans les ouvrages, maintenant bien oubliés — et cependant dignes d'être exhumés par leurs grâces féneloniennes de style — de ce bon Père Gratry qui croyait voir symbolisées par le système solaire les relations successives de l'âme et de Dieu, autour duquel, suivant lui, elle tourne. Pour lui encore, le cercle et l'ellipse symbolisent toute la morale, qui est inscrite hiéroglyphiquement dans les sections coniques.

Certes, je ne veux point comparer à ces excentricités les développements, en partie solides, et toujours sérieux, que Herbert Spencer, après Comte, et tout récemment M. René Worms et M. Novicow, ont donnés à la thèse de la société-organisme. J'apprécie fort le mérite et l'utilité momentanée de tels ouvrages, même en les critiquant. Mais, généralisant maintenant ce qui précède, j'ai le droit, je crois, d'énoncer la proposition suivante : Le progrès d'une science consiste à remplacer des similitudes et des répétitions extérieures, c'est-à-dire des comparaisons de l'objet propre de cette science avec d'autres objets, par des similitudes et des répétitions intérieures, c'est-à-dire des comparaisons de cet objet avec lui-même considéré en ses exemplaires multiples et sous d'autres aspects. À l'idée de l'organisme social qui envisage la nation comme une plante ou un animal, correspond celle du mécanisme vital qui regarde une plante ou un animal comme une mécanique. Mais ce n'est pas par cette comparaison, creusée et prolongée, d'un corps vivant avec un mécanisme que la biologie a progressé, c'est par la comparaison des plantes entre elles, des animaux entre eux, des corps vivants entre eux . Et ce n'est pas par la comparaison des sociétés avec les organismes, que la sociologie déjà fait de grands pas en avant et en fera de plus grands encore, c'est par la comparaison des sociétés entre elles, c'est par les innombrables coïncidences notées entre des évolutions nationales distinctes au point de vue de la langue, du droit de la religion, de l'industrie, des arts, des mœurs : c'est surtout par l'attraction prêtée à ces imitations d'homme à homme, qui donnent l'explication analytique des faits d'ensemble.

Après ces longs préliminaires, le moment serait venu d'exposer les lois générales qui régissent la répétition imitative et qui sont à la sociologie ce que les lois de l'habitude et de l'hérédité sont à la biologie, ce que les lois de la gravitation sont à l'astronomie, et les lois de l'ondulation à la physique. Mais j'ai traité abondamment ce sujet dans l'un de mes ouvrages, les Lois de l'imitation, auquel je me permets de renvoyer ceux que cette matière intéresse. Toutefois je tiens à dégager ce que je n'ai pas assez mis en lumière, à savoir qu'au fond, toutes ces lois découlent d'un principe supérieur: la tendance d'un exemple, une fois lancé, dans un certain groupe social, à s'y propager suivant une progression géométrique, si ce groupe reste homogène. — Par cette tendance, d'ailleurs, je n'entends rien de mystérieux. Cela signifie une chose très simple : quand, par exemple, dans un groupe, le besoin d'exprimer une idée nouvelle par un mot nouveau se fait sentir, le premier qui imagine une expression imagée propre à satisfaire ce besoin n'a qu'à la prononcer pour que, de proche en proche, elle soit bientôt répercutée par toutes les bouches du groupe en question, et pour qu'elle se répande même, plus tard, dans les groupes voisins. Cela ne veut pas dire le moins du monde que cette locution est douée d'une âme qui la porte à rayonner ainsi, pas plus que le physicien, en disant que l'onde sonore tend à se répandre dans l'air, ne prête à cette simple forme une force propre, ambitieuse et avide . Non, c'est à une manière de parler, pour dire, dans un cas, que les forces motrices inhérentes aux molécules d'air ont trouve dans cette répétition ondulatoire une voie d'écoulement, et pour dire, dans l'autre, que le besoin spécial inhérent aux individus humains du groupe dont il s'agit a trouvé à se satisfaire par cette répétition imitative, qui évite à leur paresse (analogue à l'inertie matérielle) la peine de se mettre eux-mêmes en frais d'invention. — Quoi qu'il en soit, la tendance à la progression géométrique en question n'est pas douteuse ; seulement elle est le plus souvent entravée par des obstacles de divers genres, et il est assez rare, pas très rare pourtant, que les diagrammes statistiques relatifs à la propagation dans le public d'une nouvelle invention industrielle, peignent aux yeux cette progression régulière. Ces obstacles, quels sont-ils ? Il en est qui proviennent de la diversité des climats et des races, mais ce ne sont pas les plus forts ; l'entrave majeure qui arrête l'expansion d'une innovation sociale et sa consolidation en coutume traditionnelle, c'est quelque autre innovation pareillement expansive qui la rencontre sur son chemin, et qui, pour employer une métaphore physique, interfère avec elle. Chaque fois, en effet, que chacun de nous hésite entre deux manières de parler, entre deux idées, entre deux croyances, entre deux façons d'agir, une interférence de rayonnements imitatifs a lieu en lui, de rayonnements imitatifs qui, à partir de foyers différents, extrêmement distincts l'un de l'autre souvent dans l'espace et dans le temps, de foyers, c'est-à-dire d'inventeurs, d'imitateurs individuels primitifs, se sont propagés jusqu'à lui. Alors, comment se résout son embarras ? Quelles sont les influences qui le décident ? Ces influences sont, ai-je dit, de deux sortes : les unes logiques, les autres extra-logiques. J'ai besoin d'ajouter que ces dernières mêmes sont logiques en un certain sens du mot, car, lorsque, entre deux exemples, le plébéien choisit aveuglement celui du patricien, le rural celui du citadin, le provincial celui du Parisien (c'est ce que j'ai appelé la cascade de l'imitation de haut en bas de l'échelle sociale), l'imitation, si aveugle qu'elle ait été, a été mue en somme par une présomption de supériorité attachée à l'exemple du modèle qui lui paraît avoir une autorité sociale sur lui. Il en est de même quand, entre l'exemple de ses ancêtres et celui d'un novateur étranger, l'homme primitif n'hésite pas à préférer celui des premiers qu'il juge infaillibles, et, inversement, il en est de même, quand, dans une perplexité toute pareille, l'individu de nos villes modernes, persuadé a priori que le nouveau est toujours préférable à l'antique, fait un choix précisément contraire. — Il n'en est pas moins vrai que l'opinion de l'individu fondée de la sorte sur des considérations extrinsèques à la nature même des deux modèles compares, des deux idées ou des deux volitions en présence, mérite d'être soigneusement distinguée des cas ou il opte en vertu d'un jugement porte sur le caractère intrinsèque de ces deux idées ou de ces deux volitions, et on peut réserver aux influences qui le décident, dans ce cas, l'épithète de logiques.

Mais je n'en dirai pas davantage pour le moment, car, dans notre prochain chapitre, nous aurons à reparler de ces duels logiques et téléologiques, éléments de l'opposition sociale. -Ajoutons que les interférences des rayonnements imitatifs ne sont pas toutes de mutuelles entraves, elles sont très souvent de mutuelles alliances et servent à accélérer, à amplifier ces rayonnements ; quelquefois même, elles sont l'occasion d'une idée géniale qui naît de leur rencontre et de leur combinaison dans un cerveau, comme nous le verrons dans le chapitre consacré à l'adaptation sociale.

CHAPITRE I : RÉPÉTITION DES PHÉNOMÈNES

## CHAPITRE II : OPPOSITION DES PHÉNOMÈNES

Théoriquement, l'aspect-répétition des phénomènes est le plus important à considérer. Mais leur aspect-opposition, pratiquement, au point de vue des applications de la science, présente un intérêt majeur. Et jusqu'ici, depuis Aristote, il n'a cesse d'être, sinon tout à fait méconnu, du moins confondu dans le pêle-mêle des différences quelconques.

Ici, comme plus haut, nous dirons que le progrès des sciences a consisté à remplacer de vaines, superficielles et grossières oppositions en petit nombre, aperçues ou imaginées tout d'abord, par des oppositions subtiles et profondes, innombrables, péniblement découvertes, et à remplacer des oppositions extérieures par des oppositions intérieures au sujet considéré. Il a consisté aussi, ajouterons-nous de même, à dissiper des dissymétries ou des asymétries apparentes et à leur substituer beaucoup de dissymétries ou asymétries cachées et plus instructives.

Cherchons les oppositions dans le ciel étoilé. Le jour et la nuit, et d'abord le ciel et la terre, ont commencé par faire antithèse, et les cosmogonies religieuses, les embryons de l'astronomie et de la géologie naissantes ou aspirant à naître, ont vécu de cela. Puis des oppositions plus vraies, mais encore mal comprises ou toutes subjectives ou superficielles, ont apparu : le zénith et le nadir, ce qui n'est que l'antithèse du haut et du bas poussée à bout, — les quatre points cardinaux opposés deux par deux, — l'hiver et l'été, le printemps et l'automne, le matin et le soir, midi et minuit, le premier et le dernier quartier de la lune, etc. Toutes ces oppositions ont été conservées, il est vrai, par la science grandissante, mais en perdant beaucoup de leur importance et de leur signification primitives. L'ouest, pour les sauvages, n'est pas, comme pour nous, une orientation toute relative à notre position en regardant l'étoile dite polaire ; l'ouest, pour eux, est le lieu de la félicité posthume, du séjour éternel des âmes ; pour d'autres, c'est l'est. De là, l'orientation rituelle des temples et des tombeaux. Le premier et le dernier quartier de la lune, pour nous, n'ont assurément pas le sens imaginaire et si considérable que leur attribue la superstition des agriculteurs primitifs, et encore celle de nos paysans. La nouvelle lune, suivant ceux-ci, a la vertu de faire pousser rapidement, et la vieille lune d'empêcher de croître tout ce qu'on plante à l'une ou à l'autre de ces deux phases lunaires. C'est un vestige de la distinction antithétique des jours fastes et néfastes.

Ces oppositions ont donc été conservées, mais à titre superficiel et conventionnel. D'autres ont été supprimées: par exemple, celles du céleste et du terrestre, du soleil et de la lune, et l'importance de celles-ci, comme de celles-la, a passé à d'autres qui sont tout autrement profondes. D'abord, la découverte de la nature elliptique, parabolique ou hyperbolique, des courbes décrites par les astres, planètes ou comètes, a permis d'apercevoir la parfaite symétrie des deux moitiés de chacune de ces courbes aux deux cotes du grand axe. Je dis parfaite, sauf les perturbations, qui sont de mutuelles répétitions de ces courbes les unes par les autres dans l'intérieur d'un même système). En outre, on a aperçu que les ellipticités planétaires allaient croissant et décroissant alternativement, avec une grande régularité, par des oscillations autour d'une position d'équilibre. — Enfin, l'antithèse astronomique profonde, universelle, continue, fondement de tout le reste, c'est celle de l'égalité entre l'attraction que chaque masse ou molécule subit et celle qu'elle exerce. Chacune d'elles est aussi attirée qu'attirante, et c'est là une des plus belles illustrations de la loi mécanique de l'opposition universelle, qu'on appelle la loi de l'action égale et contraire à la réaction.

La physique et la chimie, comme l'astronomie, ont débuté par des pseudo-contraires. Les quatre éléments conçus par les premiers physiciens s'opposaient deux à deux: l'eau et le feu, l'air et la terre. On imaginait entre certaines substances des antipathies innées. Des idées plus saines sur la nature vraie des oppositions physiques et chimiques se sont fait jour quand on a découvert le caractère en quelque sorte opposé des bases et des acides, surtout des électricités de nom contraire, ainsi que la polarité lumineuse. L'idée de polarité, qui a joué un si grand rôle dans les théories physico-chimiques, a marqué un progrès immense sur les conceptions antérieures, jusqu'à ce qu'elle-même ait été expliquée par la notion des ondulations dans lesquelles on l'a résolue ou on est en voie de la résoudre. De même que la lumière, la chaleur, l'électricité, apparaissent comme des propagations sphériques ou linéaires de vibrations infinitésimales et infiniment rapides, la combinaison chimique tend à être considérée comme un enchevêtrement d'ondes harmonieusement unies: mais ici nous touchons au domaine de l'adaptation. Il n'est pas jusqu'à l'attraction qu'on n'ait souvent expliquée par des poussées de vibrations éthérées. Quoi qu'il en soit, il n'en est pas moins certain que les gravitations elliptiques des astres, aux dimensions près, sont comparables aux ondes physiques, va-et-vient de molécules suivant des ellipses très allongées, et qu'ici comme là il y a rythme ondulatoire. Nous voyons, en somme, combien, par le progrès des sciences, le champ de l'opposition s'est étendu et approfondi, et qu'à de vagues oppositions qualitatives se sont substituées des oppositions quantitatives, précises et rythmées, tissu de la toile du monde. La merveilleuse symétrie des formes cristallines propres à chaque substance chimique est la traduction graphique, l'expression visuelle de ces oppositions rythmiques des mouvements innombrables qui la constituent. Et n'est-ce pas aussi à cette rythmicité des mouvements intérieurs des corps qu'il faut peut-être demander l'explication ultime de la loi de Mendeleef qui nous montre les groupes de substances comme formant autant de gammes superposées et périodiquement répétées, clavier auquel manquent çà et là quelques touches, que nous découvrons de temps en temps ?

Mais, en même temps que l'évolution des sciences physiques faisait découvrir des oppositions et des symétries plus profondes, plus nettes, plus explicatives, elle révélait aussi des asymétries, des arythmies, des inoppositions plus importantes. Elle montrait, par exemple, qu'il n'y a pas, dans le système solaire, de corps planétaire qui rétrograde, qui aille en sens directement inverse du sens général ; il n'y a d'exception que pour certains satellites. La configuration des nébuleuses que découvrent nos télescopes est souvent dissymétrique. Nous n'avons pas la moindre raison de penser qu'il y ait symétrie entre l'évolution et la dissolution d'un système solaire, si dissolution il y a, ni entre la formation des couches géologiques successives d'une planète et son morcellement final, si l'on adopte à cet égard les idées de M. Stanislas Meunier. La dissémination des astres dans le ciel reste, après comme avant les progrès de l'astronomie, ce qu'il y a de plus pittoresque et de plus capricieux. Ou plutôt le sublime désordre de ce spectacle apparaît d'autant plus frappant, d'autant plus profond, qu'on a fait plus de progrès dans la connaissance des forces équilibrées, symétriquement: opposées, qui semblent constituer tout cela. — Quel astronome à présent rêverait, comme les anciens, une anti-terre, un antichlon, ou tout serait inverse du terrestre ? — A mesure que la géographie de notre planète nous est mieux connue, nous sommes davantage frappes de l'absence de toute symétrie dans la configuration des continents et des chaînes de montagne, et le réseau pentagonal d'Élie de Beaumont ne séduit plus personne. Les progrès de la cristallographie même ont fait remarquer des dissymétries d'abord inaperçues, et dont l'importance a été mise en relief par les travaux de Pasteur... Mais je ne puis qu'indiquer ce sujet.

Dans le monde vivant, les grosses ou apparentes oppositions -la vie et la mort, la jeunesse et la vieillesse — ont été les premières saisies, et celles que je viens de citer ont été une des plus anciennes similitudes constatées entre les animaux et les plantes, rudiments d'une biologie générale. Il n'a pas été possible non plus de ne pas remarquer la symétrie des formes vivantes, si frappante et si étrange par son universalité. Mais on a imagine une foule d'oppositions vivantes sans réalité ou sans valeur. Parmi celles-ci, on peut ranger les anges et les démons, puisqu'ils sont conçus, les uns et les autres, comme des espèces d'animaux supérieurs. Pareillement, pour le sauvage, et parfois pour l'illettré de nos jours même, la grande opposition vivante est celle des êtres bons ou mauvais à manger, des plantes alimentaires et vénéneuses, des animaux utiles et nuisibles. C'est là une opposition subjectivement vraie, mais imaginaire en tant qu'elle est objectivée, comme elle l'est instinctivement par l'ignorant de toutes races. — Les médecins ont longtemps conçu la maladie et la santé comme deux états précisément contraires, et les causes de la maladie comme précisément inverses de celles de la santé. L'erreur homéopathique, au fond, est née de cette illusion. La maladie et la santé, ainsi conçues, sont des entités verbales, que les progrès de la physiologie ont dissipées. La déviation pathologique rentre dans le fonctionnement physiologique, elle ne lui est pas opposée. — La dissolution individuelle a été aussi regardée comme l'inverse de l'évolution, la vieillesse comme une enfance retournée. Ce point de vue n'a pu être décidément élimine qu'après que

CHAPITRE II : OPPOSITION DES PHÉNOMÈNES

l'embryologie a fait connaître la traversée d'une série de formes ancestrales qui, évidemment, n'ont rien d'inversement analogue dans les phases du déclin sénile.

Longtemps après que les sciences de la vie ont commencé à se constituer, les physiologistes ont encore imaginé une opposition, factice autant que savante, entre l'animalité et la végétation : à leurs yeux, la respiration animale était précisément l'inverse de la respiration végétale et détruisait ce que celle-ci avait produit, la combinaison de l'oxygène et du carbone. La physiologie comparée, par Claude Bernard et d'autres, a démontré le caractère superficiel de cette inversion et l'unité fondamentale de la vie dans les deux règnes, non pas opposés mais divergents. En revanche, à ces oppositions fausses ou vagues de groupes d'êtres à groupes d'êtres, d'êtres à êtres, ou, dans un même être, d'entités à entités, le progrès du savoir a substitué, dans l'intimité des tissus, d'innombrables, d'infinitésimales oppositions très réelles: celles de l'oxydation et de la désoxydation de chaque cellule, du gain et de la dépense de force. Ici encore, c'est sous la forme du rythme bien plus que de la lutte que l'opposition est apparue fondamentale et féconde.

Mais, en même temps, se sont fait jour des dissymétries nouvelles et plus cachées; et, pour n'en citer qu'un exemple, l'étude des fonctions cérébrales, en permettant de localiser la faculté du langage dans l'hémisphère gauche, a établi une dissymétrie fonctionnelle des plus importantes entre les deux moitiés du cerveau. Ce n'est pas le seul cas ou la symétrie de forme existante entre les organes correspondants des deux côtés du corps, la main droite et la main gauche, l'œil droit et l'œil gauche, etc., s'est trouvée recouvrir la dissymétrie ou l'asymétrie profonde de leur rôle. En outre, comme je le disais plus haut, l'idée théorique, fort ancienne, et en apparence spécieuse, que la dissolution des êtres vivants, des types vivants, doit être précisément l'opposé de leur évolution, a dû disparaître devant les progrès de l'observation. Et cette absence de symétrie entre ces deux versants de la vie, sa montée et sa descente, soit dans les individus, soit dans les espèces, a un grand sens : elle tend à prouver que la vie n'est pas un simple jeu, une balançoire de forces pour ainsi dire, mais une marche en avant, et que l'idée de progrès n'est pas un vain mot. Elle tend à faire considérer l'opposition des phénomènes, leurs symétries, leurs luttes et aussi bien leurs rythmes, et pareillement leurs répétitions, comme de simples instruments du progrès, des moyens termes.

La sociologie donne lieu à des considérations analogues. À l'origine, car, à certains égards, elle est fort ancienne, elle a débuté par être une mythologie; et, mythologiquement, elle s'est complue à tout expliquer en histoire par des luttes fantastiques, par des guerres imaginaires autant que gigantesques entre des dieux bons et des dieux mauvais, des dieux de la lumière et des dieux de la nuit, des héros et des monstres. Les métaphysiques, non moins que les mythologies, ont abuse des combats ; elles ont imaginé aussi des oppositions de séries, directes et rétrogrades, des développements de l'humanité en un sens suivis de développements en sens inverse. Sur ce point Platon et les philosophes hindous se donnent la main. Hegel, avec ses ambitieuses généralisations, avec son groupement de peuples sous la bannière d'Idées antagonistes, Cousin, avec son antithèse imaginaire entre l'Orient-infini et la Grèce-finie, sont aussi d'excellens spécimens des antinomies sociologiques du passe. Tout cela est dissipé, on ne daigne plus même opposer maintenant — surtout depuis la stupéfiante européanisation du japon en quelques années — la prétendue immutabilité innée des Asiatiques à la prétendue progressivité innée des Européens.

Les économistes ont déjà rendu un signale service à la science sociale en substituant à la guerre comme clef de l'histoire la concurrence, sorte de guerre non seulement adoucie et atténuée, mais à la fois rapetissée et multipliée. Enfin, si l'on adopte notre manière de voir, c'est une concurrence de désirs et de croyances qu'il faut considérer au fond de ce que les économistes appellent la concurrence des consommateurs ou celles des co-producteurs, et, généralisant cette lutte, l'étendant à toutes les formes linguistiques, religieuses, politiques, artistiques, morales, aussi bien qu'industrielles, de la vie sociale, on verra que la vraie opposition sociale élémentaire doit être cherchée au sein même de chaque individu social, toutes les fois qu'il hésite entre adopter ou rejeter un modèle nouveau qui s'offre à lui, une nouvelle locution, un nouveau rite, une nouvelle idée, une nouvelle école d'art, une nouvelle conduite. Cette hésitation, cette petite bataille interne, qui se reproduit à millions d'exemplaires à chaque moment de la vie d'un peuple, est l'opposition infinitésimale et infiniment féconde

CHAPITRE II : OPPOSITION DES PHÉNOMÈNES

de l'histoire ; elle introduit en sociologie une révolution tranquille et profonde.

Et, en même temps, dans cette manière de voir, le caractère simplement auxiliaire et subordonné de l'opposition sociale, même sous sa forme psychologique, est révélé par la mise en évidence de beaucoup d'asymétries ou de dissymétries qui n'apparaissent pas tout d'abord. J'ai dû, et cette distinction n'a guère trouve de contradicteurs, distinguer entre le réversible et l'irréversible en tout ordre de faits sociaux, et il s'est trouve que l'irréversible était toujours ce qu'il y avait de majeur ; par exemple, la série des découvertes de la science ou de l'industrie. On a vu aussi s'accentuer, par le fait même de ces oppositions psychologiques innombrables dont la vie de tout individu social se compose, son originalité individuelle, son génie propre, qui ne s'oppose à rien, et dont ce qu'on appelle le génie d'un peuple, ou, si l'on aime mieux, le génie d'une langue, le génie d'une religion, est l'expression collective et abréviative. On a vu aussi s'entretenir, par le jeu même de ces petites oppositions infinitésimales dont je viens de parler, le côté esthétique de la vie sociale, par lequel elle n'est comparable ni opposable à rien.

Mais ce n'est là qu'un sommaire coup d'œil et très incomplet ; il importe d'entrer plus intimement dans ce sujet si peu explore et qui mérite de l'être. Entendons-nous bien, en premier lieu, sur les divers sens de ce mot : Opposition. Dans mon livre sur l'Opposition universelle, j'ai proposé une définition et une classification auxquelles je me permets de renvoyer. Résumons-les rapidement à notre point de vue actuel. L'opposition est conçue à tort, vulgairement, comme un maximum de différence. Elle est, en réalité, une espèce très singulière de répétition, celle de deux choses semblables qui sont propres à s'entre-détruire en vertu de leur similitude même. Les opposés, les contraires, forment donc toujours un couple, une dualité, et ils sont opposables non pas en tant qu'êtres ou groupes d'êtres, choses toujours dissemblables et sut generis par quelque cote, non pas même en tant qu'états d'un même être ou d'êtres différents, mais en tant que tendances, en tant que forces; car, si on regarde certaines formes ou certains états comme opposes, le concave et le convexe, le plaisir et la douleur, le froid et le chaud, c'est en raison de la contrariété réelle ou supposée des forces par lesquelles ces états ont été produits. Déjà

Gabriel Tarde

nous voyons par là qu'on doit éliminer, dès le début, comme autant de pseudo-oppositions, toutes les antithèses des mythologies ou des philosophies de l'histoire qui se fondent sur de prétendues contrariétés de nature, entre deux peuples, entre deux races, entre deux formes de gouvernement : la république et la monarchie par exemple (voir à cet égard certains hégéliens), entre l'occident et l'orient, entre deux religions : la chrétienté et l'islam, entre deux familles de langues innées : langues sémitiques et langues indo-européennes. Ce sont là des contrastes accidentellement et partiellement vrais si l'on envisage les côtés par lesquelles les choses dont il s'agit, dans certaines circonstances plus ou moins passagères, nient et affirment la même idée, désirent et repoussent le même but, mais ce sont des contrastes chimériques si, comme semblent le croire beaucoup d'anciens philosophes, l'antipathie de ces choses les unes à l'égard des autres est jugée essentielle, absolue, innée.

Toute opposition vraie implique donc un rapport entre deux forces, deux tendances, deux directions. Mais les phénomènes par lesquels ces deux forces se réalisent peuvent être de deux sortes : qualitatifs ou quantitatifs, c'est-à-dire formes de phases hétérogènes ou de phases homogènes. Une série de phases hétérogènes est une évolution quelconque, qui peut être toujours conçue (à tort ou a raison) comme réversible, comme susceptible de rétrograder suivant un chemin précisément inverse. Par exemple, d'un morceau de bois un chimiste, moyennant une série d'opérations chimiques, finira par extraire de l'eau-de-vie, ce qui ne veut pas dire que, par une série d'opérations inverses, il sera possible de reconstituer le morceau de bois, mais si ce n'est pas possible, c'est au moins imaginable. Tel est le rêve d'anciens philosophes en ce qui concerne les transformations de l'humanité. Une série de phases homogènes est cette évolution d'un genre spécial qu'on appelle augmentation ou diminution, croissance ou décroissance, hausse ou baisse. Il n'est pas nécessaire d'insister pour faire remarquer combien, à mesure que la science sociale se développe avec la civilisation, les oppositions précises et mesurables de cet ordre vont se révélant et se multipliant, sous la forme du cours de la Bourse, des diagrammes statistiques où la hausse et la baisse de telle ou telle valeur, la hausse et la baisse de tel ou tel genre de criminalité, du suicide, de la natalité, de la matrimonialité, de la prévoyance mesurée par les livrets des caisses d'épargne ou les assurances, etc., s'enregistrent en courbes ondulatoires.

Je viens de distinguer les oppositions de série (évolution et contre-évolution) et les oppositions de degré (augmentation et diminution). Une catégorie bien plus importante encore à considérer est celle des oppositions de signe, ou des oppositions diamétrales, si l'on aime mieux. Bien que celles-ci soient souvent confondues avec les précédentes dans la langue mathématique, où moins et plus symbolisent aussi bien le contraste du positif et du négatif que celui de l'augmentation et de la diminution, il n'en est pas moins vrai que l'accroissement ou le décroissement alternatifs d'une même force dirigée dans un même sens constituent une opposition tout autre que celle de deux forces dont l'une est dirigée de A à B, l'autre de B à A, toutes deux sur la même ligne droite. De même, l'opposition entre l'accroissement et le décroissement d'une créance ne doit pas se confondre avec celle de cette créance et d'une dette égale ; le plus ou le moins de penchant au vol et à la malfaisance, dans une société, est autre chose que l'antithèse entre ce penchant et le penchant à la donation et à la bienfaisance. Pour donner tout de suite l'explication psychologique de ces contrastes sociaux et de beaucoup d'autres, disons que l'augmentation, puis la diminution de notre croyance affirmative en une idée, religieuse ou scientifique, juridique ou politique, est tout autre chose que notre affirmation puis notre négation de cette même idée, et que l'augmentation puis la diminution de notre désir d'un objet, par exemple de notre amour d'une femme, est tout autre chose que notre désir puis notre répulsion de ce même objet, notre amour puis notre haine de cette femme. Il est vraiment curieux de constater que ces quantités subjectives, croyance et désir, comportent deux signes opposés, l'un positif, l'autre négatif, et qu'en cela elles sont tout à fait comparables aux quantités objectives, aux forces mécaniques dirigées en sens inverses sur une même ligne droite. L'espace est ainsi constitué qu'il comporte une infinité de couples de directions opposées l'une à l'autre, et notre conscience est ainsi constituée qu'elle comporte une infinité d'affirmations opposées à des négations, une infinité de désirs opposés à des répulsions, et ayant précisément le même objet. Sans cette double singularité,

Gabriel Tarde

dont la coïncidence est singulière, l'Univers ne connaîtrait point la guerre et la discorde, et tout le côté tragique de la destinée serait aussi inconcevable qu'impossible.

Remarque essentielle. Les oppositions quelles qu'elles soient, de séries, de degrés ou de signes, peuvent avoir lieu entre des termes réalisés soit dans un même être (une même molécule, un même organisme, un même moi), soit dans deux êtres différents (deux molécules ou deux masses, deux organismes, deux consciences humaines). Mais il importe de bien distinguer ces deux cas. Cela importe d'abord au point de vue d'une autre distinction non moins essentielle et qui consiste à ne pas confondre le cas où les termes sont simultanés et celui où ils sont successifs. Dans le premier cas, il y a choc, lutte, équilibre ; dans le second cas, il y a alternance, rythme. Dans le premier cas, il y a toujours destruction et perte de force; dans le second, non. Or, quand elles se produisent dans le sein de deux êtres différents, les oppositions quelconques, qu'elles soient de séries, de degrés ou de signes, peuvent être simultanées ou successives, luttes ou rythmes ; mais, quand leurs termes appartiennent à un même être, à un même corps ou à un même moi, elles ne peuvent être simultanées aussi bien que successives que si elles sont des oppositions de signes. Quant aux oppositions de séries et de degrés, dans cette hypothèse, elles ne comportent que des termes successifs, alternatifs. Par exemple, il ne se peut que la vitesse d'un mobile dans une même direction donnée augmente et diminue à la fois, ce n'est possible que successivement ; mais il se peut qu'il soit animé à la fois de deux tendances à se diriger en deux sens contraires : c'est le cas de l'équilibre, symbolisé souvent par la symétrie de formes opposées, notamment dans les cris taux. Pareillement, il ne se peut que l'amour d'un homme pour une femme soit tout à la fois en train d'augmenter et de diminuer, cela n'est possible qu'alternativement, mais il se peut qu'il aime à la fois et haïsse cette même femme, antinomie du cœur réalisée par tant de crimes passionnels. Il ne se peut que la foi religieuse d'un homme aille à la fois en croissant et en décroissant, cela n'est possible que successivement, mais il se peut qu'il porte à la fois dans sa pensée, sans s'en douter le plus souvent, l'affirmation énergique et la négation implicite non moins énergique de certains dogmes, telle croyance chrétienne et tel préjugé mondain ou politique qui la nie.

CHAPITRE II : OPPOSITION DES PHÉNOMÈNES

Enfin, il ne se peut, évidemment, que la même molécule passe à la fois par une certaine série de transformations chimiques et par la transformation inverse, ni que le même homme perçoive à la fois en deux sens opposés la même série d'états psychologiques, cela n'est possible que successivement. Au contraire, rien n'est plus habituel que de voir à la fois, dans un système de corps, astronomiques ou autres, un corps qui va de l'aphélie au périhélie pendant qu'un autre corps va du périhélie à l'aphélie, ou un corps qui s'accélère pendant qu'un autre se refroidit ; et rien n'est plus ordinaire que de voir dans une société une personne dont l'ambition ou la foi grandit pendant que cette même ambition ou cette même foi décline chez une autre, ou bien une personne qui, faisant un voyage circulaire, traverse une certaine série de sensations visuelles, pendant qu'une autre personne suit l'itinéraire inverse, parcourt inversement cette même gamme sensationnelle.

La discussion de chacune des espèces d'oppositions distinguées de la sorte nous entraînerait trop loin. Bornons-nous à quelques considérations générales. D'abord, s'il y a des oppositions extérieures (appelons ainsi les oppositions de tendances entre plusieurs êtres, entre plusieurs hommes), elles ne sont rendues possibles que parce qu'il y a ou qu'il peut y avoir des oppositions internes (entre tendances différentes d'un même être, d'un même homme). Ceci s'applique aux oppositions de séries et de degrés comme aux oppositions de signes, mais surtout à ces dernières. S'il y a des hommes ou des groupes d'hommes qui évoluent dans tel sens pendant que d'autres hommes ou d'autres groupes d'hommes évoluent en sens inverse, du naturalisme à l'idéalisme en fait d'art, par exemple, ou de l'idéalisme au naturalisme, — du régime aristocratique au régime démocratique ou de la démocratie à l'aristocratie, etc., — c'est que chaque homme peut évoluer et contre-évoluer de la sorte. S'il y a des peuples et des classes ou la foi religieuse grandit pendant que, chez d'autres peuples ou d'autres classes, elle décline, c'est parce que la conscience de chaque homme comporte les accroissements ou les décroissements d'intensité de la croyance. S'il y a enfin des partis politiques ou des sectes religieuses qui affirment et qui désirent précisément ce que d'autres partis et d'autres sectes nient et repoussent, c'est parce que l'esprit et le cœur de chaque homme sont susceptibles de contenir

Gabriel Tarde

le oui et le non, le pour et le contre, à propos d'une même idée ou d'un même dessein.

Par la je suis loin de vouloir identifier les luttes extérieures avec les luttes internes. En un sens, elles sont incompatibles ; en effet, c'est seulement quand la lutte interne a pris fin, quand l'individu, Après avoir été tiraillé entre des influences contradictoires, a fait son choix, a adopté telle opinion ou telle résolution, plutôt que telle autre, c'est quand il a fait ainsi la paix en soi-même que la guerre devient possible entre lui et les individus qui ont fait un choix opposé. Mais, pour que la guerre éclate, cela ne suffit pas. Il faut en outre que cet individu sache que les autres individus ont choisi le contraire de ce qu'il a choisi. Sans cela, l'opposition extérieure des contraires simultanés, aussi bien que successifs, serait comme n'existant pas et ne présenterait en rien les caractères d'une lutte extérieure, qui la rend réellement efficace. Pour qu'il y ait guerre religieuse, ou lutte religieuse, il faut que chaque fidèle d'un culte sache que les fidèles de tel autre culte nient précisément ce qu'il affirme, et il faut que cette négation — non pas adoptée imitativement, mais au contraire repoussée par lui — se juxtapose dans sa conscience à sa propre affirmation dont elle redouble l'intensité. Pour qu'il y ait concurrence économique, par exemple entre des candidats à l'achat d'une maison, il faut que chacun d'eux sache que sa volonté d'avoir cet immeuble est contrecarrée par ses compétiteurs, qui veulent qu'il ne l'ait pas. Et il veut d'autant plus l'avoir qu'il sait que ceux-ci ne veulent pas qu'il l'ait. Sans cette condition, la concurrence par elle-même est stérile, et les économistes ont eu le tort ici de ne pas distinguer assez nettement le cas ou il n'y a pas, chez les concurrents, conscience de leur concurrence, et la mesure très variable de cette conscience, les degrés infinis qui la séparent de l'inconscience complète.

Voila pourquoi j'avais raison de dire tout à l'heure qu'il faut chercher l'opposition sociale élémentaire, non pas, comme on pourrait le croire à première vue, dans le rapport de deux individus qui se contredisent ou se contrarient, mais bien dans les duels logiques et téléologiques, dans les combats singuliers de thèses et d'antithèses, de vouloir et de nouloirs, dont la conscience de l'individu social est le théâtre. On pourra, il est vrai, me demander: En quoi donc l'opposition simplement psychologique diffère-telle de l'opposition sociale ? Elle en diffère par sa cause et surtout par ses effets. Par sa cause : un solitaire reçoit de ses sens deux perceptions en apparence contradictoires, il hésite entre deux jugements sensitifs, l'un qui lui dit que cette tache la-bas est un lac, l'autre qui lui dit le contraire ; voilà une opposition interne dont l'origine est toute psychologique, et le cas est infiniment rare. On peut affirmer sans crainte de se tromper que tous les doutes, toutes les hésitations dont souffre l'homme le plus isolé, né dans la plus sauvage des tribus, sont dus à la rencontre en lui-même ou bien de deux rayons d'exemples, qui sont venus interférer dans son cerveau, ou bien d'un rayon d'exemples qui s'est croisé avec une perception des sens. En écrivant, j'hésite souvent entre deux locutions synonymes, dont chacune se présente comme préférable à l'autre dans la circonstance donnée : ici ce sont deux rayons imitatifs qui ont interféré en moi ; j'entends par la les deux séries d'hommes qui à partir du premier inventeur de l'un de ces mots et du premier inventeur de l'autre, sont venus aboutir à moi. Car j'ai appris chacun de ces mots d'un individu qui l'a appris d'un autre, et ainsi de suite en remontant jusqu'au premier qui l'a prononcé. (C'est là ce que j'appelle, encore une fois, un rayon imitatif; la totalité de rayons de ce genre qui s'échappent d'un inventeur, d'un initiateur, d'un novateur quelconque, dont l'exemple s'est propagé, est ce que j'appelle un rayonnement imitatif. La vie sociale se compose d'un entrecroisement touffu de rayonnements de ce genre, entre lesquels les interférences sont innombrables). Autres exemples : je suis juge et j'hésite entre une opinion qui se fonde sur une série d'arrêts conformes à l'avis émis par tel auteur, Marcadé ou Demolombe, et une opinion opposée qui s'appuie sur une autre série d'arrêts émanant de tel autre commentateur ; encore une interférence de deux rayons imitatifs. De même quand, pour éclairer mon appartement, j'hésite entre le gaz et l'électricité. Mais, quand un jeune paysan, devant un coucher de soleil, ne sait s'il doit croire la parole de son maître d'école qui lui assure que la chute du jour est due à un mouvement de la terre et non du soleil, ou le témoignage de ses sens qui lui dit le contraire, dans ce cas, il n'y a qu'un seul rayon imitatif, qui, par son maître d'école, le rattache à Galilée. N'importe, cela suffit pour que son hésitation, son opposition interne et individuelle, soit sociale par sa cause.

Gabriel Tarde

Mais c'est surtout par ses effets ou plutôt par son inefficacité que l'opposition simplement individuelle diffère de l'opposition sociale élémentaire, qui est cependant individuelle aussi. Quelquefois l'hésitation de l'individu reste renfermée en lui, ne se propage ni ne tend à se propager imitativement chez ses proches ; dans ce cas, le phénomène reste purement individuel. Mais, le plus souvent, le doute même est contagieux presque autant que la foi, et toute personne qui, dans un milieu fervent par exemple, devient sceptique, ne tarde pas à être le foyer d'un scepticisme rayonnant autour d'elle : peut-on nier alors le caractère social de l'état de lutte interne qui est propre à chacun des individus de ce groupe ?

Mais envisageons la question d'une manière encore plus générale. Quand l'individu prend conscience de la contradiction qui existe entre un de ses jugements ou de ses desseins, ou de ses idées ou de ses habitudes — dogme, tournure de phrase, procède industriel, espèce d'arme ou d'outil, etc. — et un jugement ou un dessein, une idée ou une habitude, d'un autre homme ou d'autres hommes, il arrive de trois choses l'une. Ou bien il se laisse influencer complètement dans le sens d'autrui, il abandonne brusquement sa manière propre de penser et d'agir, et dans ce cas, il n'y a pas de lutte interne, il y a eu victoire sans combat, ce n'est qu'un des continuels phénomènes d'imitation dont la vie sociale est faite. Ou bien l'individu ne subit qu'a demi l'influence d'autrui, c'est le cas que nous venons de considérer plus haut, et le choc alors est suivi d'un amoindrissement de sa force plus ou moins entravée et paralysée. Ou bien il réagit contre l'idée ou l'habitude étrangère, contre la croyance ou la volonté qui le heurte, et affirme ou veut d'autant plus énergiquement ce qu'il affirmait et voulait déjà. Mais, dans ce dernier cas même, où il tend toutes les énergies de sa conviction ou de sa passion pour repousser l'exemple d'autrui, il y a en lui un trouble, une lutte intime, d'un autre genre, il est vrai, aussi tonifiante que la précédente était énervante. Et ce trouble aussi, encore mieux que l'autre, précisément parce qu'il est une surexcitation et non une paralysie des forces individuelles, est propre à se répandre contagieusement ; de la scission d'une société en partis. Un nouveau parti est toujours formé d'un groupe de gens qui ont adopté, les uns après les autres, les uns à l'exemple des autres, une idée ou une résolution contraire a celle qui régnait jusque-la dans leurs milieux et dont eux-mêmes étaient imbus. D'autre part, ce dogmatisme nouveau, devenu plus intolérant et plus intense à mesure qu'il se répand, suscite contre lui la coalition de ceux qui, fidèles aux traditions, ont fait un choix précisément contraire, et voilà deux fanatismes en présence.

On le voit, sous sa forme dogmatique et violente, comme sous sa forme sceptique et énervée, la juxtaposition individuelle de termes opposes est sociale à la condition de se répandre imitativement. S'il en était autrement, il faudrait dire qu'il n'y a rien de social dans des faits tels que ceux-ci : la rivalité de deux langues, le français et l'allemand, le français et l'anglais, sur leurs frontières respectives, en Belgique, en Suisse, dans les îles normandes ; ou la rivalité de deux religions, pareillement limitrophes. L'une de ces langues, l'une de ces religions, empiète constamment sur l'autre, à la suite d'incessants combats qui se livrent, non pas entre hommes rivaux, mais, dans chaque esprit, dans chaque conscience, entre deux locutions rivales, entre deux croyances rivales. Est-il rien de plus intéressant socialement que ces alluvions linguistiques et religieuses ? D'oppositions psychologiques tout procède donc socialement, et c'est là qu'il convient de remonter toujours. Il n'en est pas moins vrai qu'il importe beaucoup de ne pas confondre les deux formes sous lesquelles l'opposition se présente à nous, l'une dans laquelle le combat des deux termes juxtaposés a lieu dans l'individu même, l'autre dans laquelle l'individu n'adopte que l'un des deux termes opposés, quoiqu'ils soient tous deux juxtaposés en lui, et où le combat, par conséquent, n'a lieu que dans ses rapports avec d'autres hommes. On peut se demander à ce sujet, et je me le suis demande depuis longtemps dans l'un de mes premiers articles , ce qu'il y a de pire pour une société, d'être divisée en partis ou en sectes qui se combattent de leurs programmes et de leurs dogmes opposés, en peuples qui guerroient, ou d'être composée d'individus en paix les uns avec les autres, mais individuellement en lutte chacun avec soi, en proie au scepticisme, à l'irrésolution, au découragement. Vaut-il mieux cette paix de surface qui recouvre l'état de guerre sourd et continu des âmes aux prises avec elles-mêmes, ou dirons-nous que les guerres les plus meurtrières, les guerres religieuses même et tous les accès du délire politique dans les révolutions les plus sanglantes sont préférables à cette

Gabriel Tarde

torpeur ? S'il était vrai que nous n'avons à opter qu'entre ces deux solutions, avouons que le problème social serait étrangement ardu. Or ne semble-t-il pas qu'il en soit ainsi et que les hommes ne cessent momentanément de se faire la guerre sur les champs de bataille ou de se combattre avec acharnement dans l'arène de la concurrence industrielle ou de la compétition politique, que pour retomber dans le malaise profond des âmes anxieuses, indécises, découragées, hésitantes entre leurs prêtres et leurs docteurs qui se contredisent, entre les vieilles maximes d'une morale respectée de bouche et les pratiques contraires d'une morale qui n'ose encore se formuler ? Et n'est-il pas manifeste que, lorsque les hommes mettent fin à leur écartèlement intérieur, à leurs ballottements, à leurs tiraillements de doctrines et de conduites contradictoires, c'est pour se ranger en deux camps suivant l'option différente qu'ils ont faite, et se remettre à guerroyer ? Entre la guerre extérieure ou la lutte interne, nous n'aurions qu'à choisir. Ce serait le dilemme offert aux derniers rêveurs, — dont je suis — de la paix perpétuelle.

Mais la vérité, heureusement, est moins triste et moins désespérante. L'observation montre que tout état de lutte, extérieur ou intérieur, aspire toujours et finit par aboutir à une victoire définitive ou à un traité de paix. Pour la lutte intime, sous quelque nom qu'on la nomme, doute, irrésolution, angoisse, désespoir, cela est évident : la lutte ici apparaît toujours comme une crise exceptionnelle et passagère, et nul ne s'aviserait de la considérer comme l'état normal, ni de la juger préférable avec ses agitations douloureuses à la paix soi-disant amollissante du travail régulier sous l'empire d'un jugement bien assis et d'une volonté décidée. Mais, pour la lutte extérieure, pour la lutte entre hommes, en est-il autrement ? L'histoire, bien comprise, fait voir que la guerre évolue toujours dans un certain sens, et que cette direction, cent fois reproduite, facile à démêler en somme à travers les broussailles et les enchevêtrements historiques, est propre à nous faire augurer sa future disparition après sa raréfaction graduelle. Par suite du rayonnement imitatif, en effet, qui travaille incessamment et souterrainement, pour ainsi dire, à élargir le champ social, les phénomènes sociaux vont s'élargissant, et la guerre participe à ce mouvement. D'une multitude infinie de très petites, mais très âpres guerres entre petits clans, on passe à un nombre déjà bien moindre de guerres un peu plus grandes, mais moins haineuses, entre petites cités, puis entre grandes cités, puis entre peuples qui vont grandissant, et enfin on arrive à une ère de très rares conflits très grandioses, mais sans férocité aucune, entre des colosses nationaux que leur grandeur même rend pacifiques.

Je m'arrête pour remarquer que, par ce passage du petit au grand, du petit très nombreux au grand très rare, l'évolution de la guerre, et en général de tout phénomène social, semble contredire l'évolution des sciences telle que je l'ai exposée jusqu'ici. Mais, en fait, elle n'en est que la contre-épreuve et la confirmation. C'est justement parce que tout, dans le monde des faits, va du petit au grand, que, dans le monde des idées, miroir renversé du premier, tout va du grand au petit et, par les progrès de l'analyse, n'atteint qu'en dernier lieu les faits élémentaires, véritablement explicatifs.

Revenons. À chacune de ses étapes, à chacun de ses élargissements, qui sont avant tout des apaisements, la guerre en somme a diminué ou du moins s'est transformée d'une manière favorable à son évanouissement ultérieur. Chaque agrandissement des États, de tribus devenues cités, de cités royaumes, empires, immenses fédérations, a été la suppression des combats dans une région de plus en plus étendue. Il y a toujours eu sur la terre, jusqu'à notre époque, des régions, même étroites, une vallée resserrée entre des montagnes, une grande île, un fragment bien découpe d'une surface continentale, plus tard le pourtour d'une mer intérieure, qui ont été regardées longtemps comme une sorte d'univers distinct par leurs habitants ; et, quand ce petit univers-là était enfin pacifié par une série de conquêtes qui en avaient réduit toutes les localités sous un même joug, il semblait que le but final, le but toujours poursuivi, la pacification universelle, fût atteint. On se reposait ainsi un moment dans l'empire des Pharaons, dans l'Empire chinois, dans le Pérou des Incas, dans certaines îles du Pacifique, dans l'Empire romain. Le malheur était qu'à peine entrevu, le terme fascinateur reculait, la terre apparaissait plus grande qu'on ne l'avait cru ; des relations se nouaient, bientôt belliqueuses, avec de puissants voisins, dont on ne soupçonnait pas jusque-là l'existence, et qu'il fallait conquérir aussi, ou par lesquels il fallait être conquis, pour asseoir définitivement la paix du monde. La continuation des guerres, c'est en somme l'extension graduelle du champ de la paix.

Gabriel Tarde

Mais cette extension ne saurait être indéfinie ; ce mirage anxieux ne saurait être à jamais tourmentant, puisque ce globe a des limites et que depuis longtemps nous en avons fait le tour. Ce qui caractérise notre époque, ce qui la différencie profondément, en un sens, de tout le passé, quoique les lois de l'histoire s'appliquent à elle comme à ses devancières, ni plus ni moins, c'est que, pour la première fois, la politique internationale des grands États civilisés embrasse dans ses préoccupations, non plus, comme autrefois, un continent ou deux, mais la totalité du globe, et qu'ainsi le terme dernier de l'évolution de la guerre se dévoile enfin, perspective si éblouissante qu'on n'ose y croire, perspective d'un but difficile à réaliser assurément, mais d'un but bien réel, qui n'a plus rien de décevant, qui, si on l'approche, ne saurait reculer. N'y a-t-il pas la de quoi électriser tous les cœurs ? Après avoir assis la Paix dans les limites d'un fleuve, tel que le Nil ou le fleuve Amour, ou sur le littoral d'une petite mer, après avoir été, comme l'a montre Metchnikoff — et comme l'expliquent à merveille les lois du rayonnement imitatif — fluviatile, puis méditerranéenne, la civilisation devient océanique, c'est-à-dire planétaire, et c'est maintenant que, l'ère de ses crises de croissance étant close, sa grande floraison peut commencer.

Il est vrai qu'alors même que la guerre aura pris fin, toute lutte douloureuse entre hommes n'aura point disparu. Il en est d'autres formes, la concurrence notamment. Mais à la concurrence aussi, opposition sociale d'ordre économique, et non plus politique, ce qui vient d'être dit peut être appliqué. Comme la guerre, la concurrence va du petit au grand, du très petit très nombreux au très grand très peu nombreux. La concurrence, des son début, se présente sous trois espèces : la concurrence entre les producteurs du même article, la concurrence entre les consommateurs du même article, et la concurrence entre producteur et consommateur, vendeur et acheteur du même article. Car, s'il s'agit d'articles différents, il n'y a nulle opposition réciproque des désirs ; il y a plutôt adaptation réciproque, quand les articles sont susceptibles de s'échanger.

Mais, d'abord, puisque nous touchons là à un sujet des plus délicats et qu'il ne nous convient de l'aborder pour le moment que par un côté spécial, en dehors de tout parti pris collectiviste ou autre, faisons quelques observations d'une vérité non douteuse. Concurrence est un mot ambigu qui signifie à la fois ou tour à tour concours et lutte, et c'est pourquoi la dispute s'éternise entre ceux qui maudissent justement cette chose équivoque, dont ils n'envisagent que le côté opposition, et ceux qui non moins justement la louent à raison des inventions civilisatrices qu'elle a suscitées, envisagée par son côté adaptation. Mais c'est sous son aspect défavorable que nous la considérons ici.

Il n'est nullement essentiel aux désirs des divers consommateurs ou des divers producteurs d'un même objet, ni même aux désirs des uns confrontés avec les autres, de se combattre, de se contredire. Producteur et acheteur sont toujours d'accord en ce sens que l'un veut acheter ce que l'autre veut vendre, il est vrai pas toujours au même prix, mais il est toujours un prix qui les accorde et met fin au débat entre eux. Les désirs des producteurs n'ont rien non plus de contraire, tant que chacun d'eux a sa clientèle et son débouché, momentanément inextensibles comme sa production ; ils ne deviennent contradictoires qu'au fur et à mesure que, les moyens de production venant à s'étendre, chacun d'eux désire produire plus et s'approprier la production d'autrui. Il est vrai que, la civilisation ayant pour effet d'agrandir sans cesse les moyens d'action, cette lutte entre co-producteurs est inévitable et doit devenir de plus en plus vive. Quant aux désirs des consommateurs d'un article donné, on peut dire que, loin de s'entre-nuire, les compétiteurs à l'achat d'un même article s'entraident le plus souvent, quand la production de cet article est de nature à marcher du même pas que sa consommation: car, plus il y a de gens désireux d'acheter des bicyclettes, plus le prix des bicyclettes s'abaisse. Les désirs des consommateurs ne sont vraiment en contradiction que dans le cas — assez fréquent pour les articles de première nécessité et aussi pour les articles de grand luxe — ou il y a moins d'exemplaires de la chose demandée qu'il n'y a de demandes et ou ils ne sauraient se multiplier aussi rapidement que se multiplient, par la contagion de la mode, les désirs dont elle est l'objet.

Cela dit, remarquons, pour revenir à notre idée de tout à l'heure, que chacune des trois espèces de concurrence distinguées ici se conforme à la loi indiquée. Entre vendeur ou acheteur, les petits marchandages des tout petits marches primitifs sont incessants et innombrables ; peu à peu, ils sont supprimés, mais pour être remplacés par ces grands marchandages auxquels donne lieu, dans

Gabriel Tarde

les conseils municipaux, la fixation de la taxe municipale du blé ou de la viande; et, quand ceux-ci sont supprimés à leur tour, c'est pour être remplacés par de plus grands marchandages encore, par les discussions des Chambres ou se débattent des projets de loi qui tendent à favoriser, par l'imposition ou la suppression de certains droits de douane, les intérêts de la masse des producteurs ou ceux de la masse des consommateurs nationaux. Les sociétés coopératives dites de consommation, c'est-à-dire ou le consommateur et le producteur ne font qu'un, sont nées du besoin de mettre fin à l'espèce de concurrence dont il s'agit, et elles vont se développant comme elles. — Entre acheteurs, la concurrence va aussi s'élargissant : dans les tout petits marchés primitifs, la compétition d'un sac de blé, d'une tête de bétail, est restreinte à quelques personnes ; à ces innombrables petites compétitions, qui se terminent soit par des unions d'intéressés, soit trop souvent par de petites sociétés locales d'accaparement, succèdent, quand les marches commencent à s'étendre en se raréfiant, des compétitions plus étendues, de plus en plus étendues, qui aboutissent, elles aussi, tantôt à des unions importantes, telles que les syndicats agricoles, tantôt à des sociétés d'accaparement plus vastes, aux trusts et aux cartels gigantesques que l'on sait.

Mais arrivons à la concurrence la mieux étudiée, et, en réalité, la plus intense, parce quelle est la plus consciente, celle des producteurs entre eux. Elle commence par des rivalités sans nombre entre des petits marchands se disputant des marches minuscules, primitivement juxtaposés et à peu près clos les uns aux autres; mais, à mesure que ceux-ci, par l'abaissement de leurs barrières, se confondent en marchés plus grands et moins nombreux, les petites boutiques rivales se fusionnent aussi, soit de gré soit par force, en fabriques plus grandes et moins nombreuses, où le travail producteur, qui naguère était jalousement opposé à lui-même, est à présent harmonieusement coordonné ; et la rivalité de ces fabriques reproduit, sur une plus grande échelle, celle des boutiques d'autrefois : jusqu'à ce qu'on arrive, par l'agrandissement graduel des marchés, qui tendent à devenir le marché unique, à quelques géants de l'industrie et du commerce, qui rivalisent aussi entre eux, à moins qu'ils ne s'entendent.

En somme, la concurrence se développe par cercles concentriques

CHAPITRE II : OPPOSITION DES PHÉNOMÈNES

qui vont s'élargissant. Mais l'élargissement de la concurrence a pour condition et pour raison d'être l'élargissement de l'association. De l'association ou du monopole, objectera-t-on. Soit, mais le monopole n'est qu'une des deux solutions que le problème de la concurrence comporte, de même que l'unité impériale n'est qu'une des deux solutions du problème de la guerre. L'un de ces problèmes peut se résoudre par l'association des individus comme l'autre par la confédération des peuples. Du reste, le monopole même, à force de s'étendre, s'adoucit, et, s'il devenait universel, dans certaines espèces de production — terme où il tend et que M. Paul Leroy-Beaulieu a tort, je crois, de juger à jamais et absolument inaccessible — il serait probablement plus supportable dans certains cas que l'état de concurrence aiguë auquel il aurait été substitué. La concurrence tend à une monopolisation au moins partielle et relative ou à une association de concurrents, comme la guerre tend à l'écrasement du vaincu, ou à un bon traité avec lui, et, dans les deux cas, à une pacification au moins partielle et relative aussi. À cela ont servi les agrandissements des États conquérants. Les grands États modernes, en prenant la place des fiefs du moyen âge, ont fait régner une paix bien incomplète, je le sais, et bien courte jusqu'ici, mais dont l'étendue et la durée vont grandissant, comme les armements grandioses de l'heure présente. Nier que la concurrence aboutisse au monopole (ou à l'association) et se persuader qu'on prend ainsi la défense de la concurrence contre ses détracteurs, c'est repousser au contraire la seule excuse qu'elle puisse alléguer : c'est comme si, pour défendre le militarisme contre les attaques dont il est l'objet, on s'évertuait à démontrer qu'il n'est pas vrai que la guerre porte la paix dans ses flancs à la suite de la victoire. La guerre, il est vrai, ne traverse la paix que pour renaître de la paix même et sur une plus grande échelle, et, de même, la concurrence ne s'apaise momentanément dans l'association que pour renaître de l'association même sous la forme de rivalités entre associations, entre corporations, entre syndicats, et ainsi de suite ; mais on arrive ainsi, finalement, à des associations géantes qui, ne pouvant plus grandir, ne pourront, après s'être combattues, que s'associer.

Il est une troisième grande forme de la lutte sociale, la discussion. Sans doute, elle est impliquée dans les précédentes, mais, si

Gabriel Tarde

la guerre et la concurrence sont des discussion, l'une est une discussion en actes meurtriers, l'autre en actes ruineux. Disons un mot de la discussion en paroles purement et simplement. Celle-ci aussi, quand elle évolue, — car il y a beaucoup de petites discussions privées qui n'évoluent pas et qui meurent sur place, fort heureusement — évolue comme il vient d'être dit, quoique ici le phénomène soit moins visible. C'est, ne l'oublions pas, quand la discussion mentale a pris fin entre deux idées contradictoires d'un même cerveau, que la discussion verbale est possible entre deux hommes qui ont résolu la question différemment. De même, si la discussion verbale, ou écrite, ou imprimée, entre groupes d'hommes, et entre groupes de plus en plus étendus, se substitue à la discussion verbale entre deux hommes, c'est à la condition qu'elle se soit terminée dans chacun de ces groupes par un accord relatif et momentané, par une sorte d'unanimité, morcelée d'abord en une multitude de petites coteries, de petits clans, de petites églises, de petites agoras, de petites écoles qui se combattent, et, enfin, après bien des polémiques, concentrée en un très petit nombre de grands partis, de grandes religions, de grands groupes parlementaires, de grandes écoles de philosophie ou d'art entre lesquels se livrent les suprêmes combats. N'est-ce pas ainsi que l'unanimité catholique s'est peu à peu établi ? N'est-ce pas, dans les deux ou trois premiers siècles de l'Église, par d'innombrables discussions très vives, parfois sanglantes, entre les fidèles de chaque église locale, qui finissaient par s'accorder en un petit credo, mais dont le credo, en désaccord sur quelques points avec celui d'églises voisines, donnait lieu à des colloques, à des conciles provinciaux, qui résolvaient ces difficultés, sauf à se contredire parfois entre eux et à transporter leurs querelles au sein de conciles nationaux ou oecuméniques ? L'unanimité politique de l'ancienne France, sous forme monarchique, s'était faite de même, et l'unanimité politique de la France nouvelle, en un sens démocratique, est en train de se faire pareillement. Ce que j'appellerais volontiers l'unanimité linguistique, c'est-à-dire l'unité de la langue nationale, à la suite de rivalités entre dialectes et de provincialismes rebelles au purisme orthodoxe, ne s'est pas établi autrement. L'unanimité juridique s'est faite depuis longtemps d'une manière analogue, par d'innombrables coutumes locales apaisant séparément des milliers de discussions de droit (pas toutes, les procès le montrent), coutumes elles-mêmes en conflits, mais accordées en quelques coutumes régionales, qu'une législation uniforme a enfin remplacées. L'unanimité scientifique, opérée lentement, dans une large mesure, par une série de discussions apaisées et renaissantes entre savants, entre écoles scientifiques, donnerait lieu à des considérations pareilles.

Parmi toutes les formes de discussion, il en est une, la discussion judiciaire, le procès (civil ou commercial), qui se signale à l'attention. Est-il vrai que le procès aille aussi s'élargissant, et, par ses agrandissements mêmes, coure à son apaisement ? Oui, si étrange que cette proposition, de prime abord, puisse paraître. D'abord, il est certain que, chez les peuples primitifs, les procès ne diffèrent pas des guerres privées, et, de fait, sans la présence souveraine de l'État-juge, la plupart des différends entre plaideurs se termineraient par des coups. Les procès sont des duels atténués, des guerres embryonnaires. Et, réciproquement, les guerres sont des procès de nations, procès parvenus à leur développement naturel par l'absence d'une autorité supranationale. Si donc on compare les querelles judiciaires d'à présent, devant nos tribunaux, à celles du moyen âge, où les parties étaient des champions armés, et à celles des tribus germaines, on se convaincra que l'ardeur litigieuse n'a cessé de s'adoucir. Et j'ajoute qu'elle s'est adoucie par ses élargissements mêmes. On peut dire, en effet, que les questions de droit se sont élargies à mesure que les coutumes locales ont fait place aux coutumes provinciales, et enfin aux lois nationales : à chaque degré de l'unification juridique, chaque forme de procès, c'est-à-dire chaque difficulté de droit, donnant lieu à deux opinions diamétralement contraires, prend un caractère plus général. Or, c'est en se généralisant de la sorte que chaque espèce de discussion judiciaire aboutit à son terme final, qui est un arrêt de la Cour suprême tarissant la source de ce genre de procès. Combien de sources pareilles ont été taries au cours même de notre siècle!

M'objectera-t-on, par hasard, que les peuples, à mesure qu'ils se civilisent, deviennent de plus en plus discuteurs, et que, loin de se substituer aux discussions verbales privées, les discussions publiques, les polémiques de presse, les débats parlementaires, ne font que les alimenter ? L'objection serait sans portée. Si les sauvages et les barbares discutent peu — et, c'est fort heureux, car la plupart de leurs discussions dégénèrent en querelles et combats, — c'est qu'ils ne parlent et ne pensent pour ainsi dire pas. Vu le nombre infiniment petit de leurs idées, on peut être surpris qu'elles se heurtent relativement si souvent. Et on peut être stupéfait de voir si processifs des gens qui ont si peu d'intérêts différents. Au contraire, il y a une chose qu'on devrait admirer, et qu'on ne remarque point, c'est que, dans nos villes civilisées, en dépit du flot abondant d'idées roulées en nous par la conversation et la lecture, il y ait, en somme, si peu de discussions, et des discussions si peu vives. On devrait être ébahi de voir cela, de voir les hommes tant penser, tant parler et si peu se contredire, tant agir et si peu plaider, comme de voir si peu d'accidents de voitures dans nos rues si animées et si encombrées, et comme de voir si peu de guerres éclater en nos temps de relations internationales si compliquées et si étendues ! Et qu'est-ce qui nous a mis à peu près d'accord sur tant de points ? Ces trois grandes choses, élaborées successivement par des discussions séculaires : la Religion, la jurisprudence, la Science. — Remarquons aussi qu'en pays civilise, les discussions publiques l'emportent beaucoup en importance, en intérêt poignant, en vivacité même, sur les discussions privées, et que c'est l'inverse en pays barbare. Nos séances parlementaires sont d'une violence croissante pendant que le ton des discussions de café et de salon s'adoucit.

En résumé, l'opposition-lutte, dans nos sociétés humaines, sous ses trois formes principales, guerre, concurrence, discussion, se montre à nous comme obéissant à la même loi de développement par voie d'apaisements intermittents et grandissants qui alternent avec des reprises de discorde amplifiée et centralisée, jusqu'à l'accord final, au moins relatif. De là il résulte déjà — et nous avons bien d'autres raisons de le penser — que l'opposition-lutte ne joue dans le monde social, comme dans le monde vivant ou le monde inorganique, que le rôle de moyen terme, destiné à disparaître progressivement, à s'épuiser et s'éliminer par ses propres agrandissements, qui sont une course après sa propre destruction. Et le moment est venu de dire, en effet, ou de redire plus explicitement, quel est le vrai rapport de ces trois grands aspects scientifiques de l'univers, que j'ai appelés Répétition, Opposition, Adaptation des phénomènes. Les deux derniers procèdent du premier, et le second est d'ordinaire, pas toujours, l'intermédiaire entre le premier et le troisième. C'est parce que les forces physiques se propagent ou tendent à se propager en progression géométrique par leur répétition ondulatoire, qu'elles interfèrent ou aussi bien qu'elles s'adaptent en se combinant ; et leurs interférences-chocs ne semblent servir qu'à préparer leurs interférences-alliances, leurs combinaisons. C'est parce que les espèces vivantes tendent à se propager en progression géométrique par la répétition héréditaire de leurs exemplaires individuels, qu'elles interfèrent soit en croisements heureux et féconds, soit en combats pour la vie si bien étudiés par les darwiniens qui n'ont aperçu l'interférence vitale que par son côté meurtrier, où ils ont vu, avec une exagération manifeste, l'unique ou le principal procédé de la création de nouvelles espèces, c'est-à-dire de la réadaptation des espèces anciennes. Et c'est aussi parce que les choses sociales quelconques, un dogme, une locution, un principe scientifique, un trait de mœurs, une prière, un procédé industriel, etc., tendent à se propager géométriquement par répétition imitative, qu'elles interfèrent elles-mêmes heureusement ou malheureusement, c'est-à-dire qu'elles se rencontrent par leur côté dissonant dans certains cerveaux, où elles donnent lieu aux duels logiques ou téléologiques, premier germe des oppositions sociales, des guerres, des concurrences, des polémiques, et que, par leur côté harmonisable, elles se rencontrent dans des cerveaux de génie, ou même dans des cerveaux ordinaires, en véritables hymens logiques, en inventions, en initiatives fécondes, source de toute adaptation sociale.

Ce sont là trois termes d'une série circulaire, susceptible de tourner sans fin. Car, c'est en se répétant par l'imitation que l'invention, l'adaptation sociale élémentaire, se répand et se fortifie et tend par la rencontre de l'un de ses rayons imitatifs avec un rayon imitatif émané de quelque autre invention ancienne ou nouvelle, à susciter soit de nouvelles luttes, soit, directement ou à travers ses luttes, de nouvelles inventions plus complexes, bientôt rayonnantes aussi imitativement, et ainsi de suite à l'infini. — Notons que le duel logique, de même que l'hymen logique, l'élément social de l'opposition-lutte, comme l'élément social de l'adaptation, a besoin de la répétition imitative pour se socialiser, pour se généraliser et croître. Mais il y a cette différence que la propagation imitative

Gabriel Tarde

de l'état de discorde intérieure entre deux idées ou même de l'état de discorde extérieure entre deux hommes ayant fait choix l'un d'une de ces idées, l'autre de l'autre, doit fatalement user et faire cesser cette discorde au bout d'un temps, puisque tout combat est épuisant et aboutit à une victoire ; tandis que la propagation imitative de l'état d'harmonie à la fois interne et externe réalisé par l'illumination d'une vérité nouvelle, synthèse de nos connaissances antérieures et communion de notre esprit avec tous les esprits qui la voient luire, n'a aucune raison de s'arrêter et se fortifie en avançant. Des trois termes compares, donc, le premier et le dernier dépassent beaucoup le second en hauteur, en profondeur, en importance, et peut-être en durée. La seule utilité du second, de l'opposition, c'est de provoquer une tension des forces antagonistes propres à susciter le génie inventif, l'invention militaire qui, en donnant la victoire à un camp, met fin momentanément à la guerre — l'invention industrielle qui, adoptée ou monopolisée par l'un des rivaux de l'industrie, lui assure le triomphe, et met fin momentanément à la concurrence — l'invention philosophique, scientifique, juridique, esthétique, quelconque, qui vient trancher brusquement d'innombrables discussions, sauf à en faire naître plus tard de nouvelles. Voilà la seule utilité, la seule raison d'être de l'opposition, mais combien de fois l'invention qu'elle appelle ne répond-elle pas ! Combien de fois la guerre fauche-t-elle le génie au lieu de le stimuler ! Et combien de talents stérilisés par les polémiques de presse, par les débats parlementaires, par la vaine escrime même des Congrès ! Tout ce qu'on peut dire — et qui vient à l'appui de ce qui précède, — c'est que l'ordre historique de prépondérance successive des trois formes de la lutte est précisément celui de leur aptitude à stimuler l'inventivité : de l'ère ou la guerre est prépondérante, en effet, on passe à une phase ou c'est la concurrence qui prédomine, et enfin la discussion. Dans une société qui se civilise, en outre, l'échange se développe plus vite que la concurrence, la conversation plus vite que la discussion, et l'internationalisme plus vite même que le militarisme.

Nous ne venons de parler que des oppositions-luttes, de celles qui ont lieu entre deux termes simultanés qui se heurtent. Quant aux oppositions-rythmes, qui consistent en termes successifs, qualités ou quantités, n'importe, en hausse suivie de baisse ou en aller suivi de retour et vice versa, il semble, à première vue, que ces dernières soient moins énigmatiques que les autres, puisqu'elles ne sont point des paralysies et des destructions mutuelles de forces. Mais, à y regarder de près, ce va-et-vient de forces qui font tour a tour le pour et le contre, ou disent le oui ou le non, est encore plus difficile à comprendre que le choc de deux forces qui se rencontrent et s'équilibrent, car, au moins, ces interférences destructives ont-elles un caractère accidentel, non voulu, et nous savons qu'elles sont presque inséparables des interférences créatrices, comme l'ombre du corps ; sans compter que l'équilibre en nous et la neutralisation réciproque de tendances contraires, de suggestions rivales du dehors, permet à notre originalité naturelle de se faire jour, et c'est là peut-être une des meilleures justifications de la lutte en général. Mais le rythme semble être un jeu normal où les forces se complaisent et qu'elles ont voulu, soit qu'il s'agisse du rythme qualitatif ou du rythme quantitatif. Et j'avoue que, s'il y avait de sérieuses raisons de penser que ce va-et-vient, ce balancement puéril, eût lieu en grand, c'est-à-dire que la dissolution fût précisément l'inverse de l'évolution, la régression de la progression, et que tout se remit ensuite à recommencer indéfiniment sans nulle orientation d'ensemble, je serais pris d'un désespoir schopenhauerien. Mais, par bonheur, il n'en est rien, et le rythme n'apparaît partout, le rythme un peu précis, régulier, vraiment digne de ce nom, que dans le détail des phénomènes, comme une condition même de leur répétition précise, et, par leur répétition, de leur variation. La gravitation d'un astre ne se répété qu'a raison même de son aller et retour elliptique; une onde sonore, une onde lumineuse, ne se répète qu'à raison d'un aller et retour rectiligne ou circulaire ou elliptique aussi ; la contraction d'un élément musculaire, l'innervation d'un élément nerveux, ne se propage non plus dans un muscle ou le long d'un nerf que moyennant un petit processus circulaire qui revient à son point de départ ; et Baldwin a montré récemment que l'imitation est aussi « une réaction circulaire » et qu'on peut la définir : « une réaction musculaire qui cherche à atteindre les stimulus capables de ramener les mêmes états, qui, à nouveau, tendront aux mêmes stimulus et ainsi de suite ». Dans le livre d'où j'extrais cette citation, il étend le mot imitation bien au-delà de l'acceptation que je lui avais assignée, et, le généralisant au point d'y faire rentrer à la fois tout le fonctionnement vital comme tout le fonctionnement social, il écrit — « Le type des réactions ou répétitions circulaires, que nous nommons imitation, est un type fondamental, toujours le même et commun à toute l'activité motrice. » — Mais la répétition, le pas régulier des phénomènes, n'est que la condition de leur itinéraire, de leur évolution, toujours plus ou moins irrégulière et pittoresque, et de plus en plus à mesure qu'elle se prolonge. Or l'aller et le retour rythmique ne présentent quelque précision que dans le pas, nullement dans l'itinéraire. Il en est ainsi, même du rythme quantitatif, de ces hausses et de ces baisses générales que la statistique permet de mesurer dans le cours d'une civilisation en voie de développement. Il est extrêmement rare ici que l'augmentation et la diminution constatées soient égales et semblables, que les courbes ascendantes de la richesse, par exemple, du prix des valeurs de Bourse, de la foi religieuse, de l'instruction, de la criminalité, etc., se reflètent renversées dans des courbes descendantes de même nature et de même allure. Cela est bien connu des statisticiens. J'ai noté ailleurs le caractère irréversible d'une foule d'évolutions sociales, et précisément des plus importantes. je n'y reviendrai pas.

Concluons que, sous ses deux grandes formes, l'opposition révèle et accentue toujours davantage son caractère simplement auxiliaire et intermédiaire : comme rythme, elle ne sert qu'à la répétition directement, a la variation indirectement, et disparaît quand celle-ci apparaît. Comme lutte, elle n'est bonne qu'à provoquer l'adaptation, dont nous allons nous occuper maintenant.

## CHAPITRE III : ADAPTATION DES PHÉNOMÈNES

Les explications données dans les deux précédentes leçons nous ont déjà préparés à comprendre le véritable sens de ce mot « adaptation », qui exprime le plus profond aspect sous lequel la science envisage l'univers. Ici encore nous allons voir que l'évolution de la science, en n'importe quel ordre de réalités, consiste à passer du grand au petit, du vague au précis, du faux ou du superficiel au vrai et au profond, c'est-à-dire à découvrir ou à imaginer d'abord une immense harmonie d'ensemble ou quelques grandes et vagues harmonies extérieures auxquelles on substitue peu à peu d'innombrables harmonies intérieures, un nombre infini d'infinitésimales et fécondes adaptations. Nous allons voir aussi que l'évolution de la réalité, précisément inverse ici, comme ailleurs, de celle de la connaissance, consiste en une tendance incessante des petites harmonies intérieures à s'extérioriser et à s'amplifier progressivement. Incidemment, nous ne manquerons pas de noter, comme nous l'avons fait plus haut, que, si le progrès du savoir nous fait découvrir des harmonies nouvelles et plus profondes, il nous révèle aussi bien des dysharmonies inaperçues et plus profondes elles-mêmes.

Mais d'abord commençons par quelques définitions ou explications nécessaires. Qu'est-ce, au juste, qu'une adaptation, une harmonie naturelle ? Prenons un exemple, en dehors de la vie, où le lien téléologique de l'organe a la fonction est si clair qu'il n'a pas besoin d'être explique : soit le bassin d'un fleuve. On voit ici une montagne ou une chaîne de collines adaptée a l'écoulement des eaux du fleuve, et les rayons du soleil adaptés au soulèvement des eaux de l'Océan en nuages, puis les vents adaptes au transport de ces nuages vers les cimes des monts, d'où ils retombent en pluies et entretiennent les sources, les ruisseaux, les rivières, affluents du grand cours d'eau. Il y a donc équilibre mobile, circuit d'actions enchaînées et se répétant — se répétant avec variations. — Un être vivant, pourrait-on dire, est un circuit pareil, seulement beaucoup plus complique et où l'adaptation est non pas unilatérale, comme dans l'exemple cite, mais réciproque. L'organe sert à l'accomplissement de la fonction vivante, et réciproquement la fonction vivante sert à l'entretien de l'organe ; mais, dans le régime des eaux de la planète, si la montagne est adaptée à l'écoulement des eaux, l'écoulement des eaux, loin de servir à maintenir la montage, a pour effet de la dénuder et, peu à peu, de la supprimer. C'est aussi sans nulle réciprocité que la chaleur solaire est adaptée à l'irrigation du sol.

C'est toujours, rappelons-le, une harmonie qui se répète. On vient de le voir, montrons-le par d'autres exemples. Chaque planète d'un système solaire, considérée mécaniquement, c'est-à-dire comme un point qui se meut, présente le spectacle d'une harmonie entre son penchant à tomber sur le soleil et sa tendance à s'en écarter tangentiellement : il y aurait opposition si ces deux forces centripètes et centrifuges tendaient a s'exercer sur la même ligne droite, mais, comme elles sont perpendiculaires l'une à l'autre, il y a adaptation. (Opposition et adaptation se transforment ainsi l'une en l'autre dans la nature.) Or la gravitation de la planète est la répétition, la répétition variée, de cette adaptation mécanique. Considérée même géologiquement, au point de sa composition stratigraphique et physico-chimique, une planète est un agencement très harmonieux de strates superposées, et, si l'on en croit sur ce point M. Stanislas Meunier, cet agencement se répéterait dans chaque planète, il se répéterait même dans la constitution générale du système solaire ; car une coupe théorique de la terre donne, du centre à la circonférence, une succession de couches incandescentes, puis solidifiées, puis liquides, puis gazeuses, chacune nécessaire à la suivante, et cette succession est analogue à celle des natures d'astres qu'on trouve en partant du soleil comme centre et allant jusqu'aux extrémités du système, jusqu'à Neptune, qui est gazeux. Peu nous importe, du reste, la vérité de cette analogie.

Un agrégat quelconque est un composé d'êtres adaptés ensemble soit les uns aux autres, soit ensemble à une fonction commune. Agrégat signifie adaptat. Mais, en outre, divers agrégats qui ont des rapports ensemble peuvent être co-adaptés, ce qui constitue un adaptat d'un degré supérieur. On pourrait distinguer ainsi une infinité de degrés. Pour plus de simplicité, distinguons seulement deux degrés de l'adaptation. L'adaptation du premier degré est celle que présentent entre eux les éléments du système que l'on considère ; l'adaptation du second degré est celle qui les unit aux systèmes qui les entourent, à ce qu'on appelle, d'un mot bien vague, leur milieu. L'ajustement à soi diffère ainsi beaucoup, en tout ordre de faits, de l'ajustement à autrui, comme la répétition de soi (habitude) diffère de la répétition d'autrui (hérédité ou imitation), comme l'opposition avec soi (hésitation, doute) diffère de l'opposition avec autrui (lutte, concurrence). Souvent ces deux sortes d'adaptation sont dans une certaine mesure exclusives l'une de l'autre; en fait de constitutions politiques, on a fréquemment remarque que les plus cohérentes avec elles-mêmes, les plus logiquement déduites, présentant au plus haut point les caractères de l'adaptation de premier degré, étaient les moins adaptées aux exigences de leur milieu traditionnel et coutumier, et, réciproquement, que les plus pratiques étaient les moins logiques. La même remarque est applicable aux grammaires des langues, aux religions, aux beaux-arts, etc. : la seule grammaire parfaite, aux règles sans nulle exception, c'est celle... du volapück. Elle est applicable aussi bien aux organismes : il en est de parfaits, à cela près qu'ils ne sont point viables, et qui seraient plus viables s'ils étaient moins parfaits. La perfection de l'accommodation peut nuire a sa souplesse .

Ces préliminaires indiques, montrons la vérité de nos deux thèses, énoncées plus haut. Les partisans des causes finales ont fait tout ce qu'ils ont pu pour discréditer l'idée de finalité. Il n'en est pas moins certain que c'est du moment où l'on introduit cette notion, même sous sa forme mystique et la moins rationnelle, dans la conception du monde, que date le premier balbutiement de la science. À la vue de l'univers étoile, qu'a rêve la conscience primitive ? Une adaptation immense, unique, chimérique, née de l'illusion qu'on a appelée géocentrique : toutes les étoiles sont pour la terre ; la terre et, sur la terre, une ville, un bourg, sont le point de visée du firmament qui s'inquiète perpétuellement de la destinée de ces êtres éphémères que nous sommes. L'astrologie a été le développement logique de cette grandiose et imaginaire adaptation du ciel à la terre et à l'homme. L'astronomie véritable a non seulement fait évanouir cette absurde harmonie, mais elle a brisé l'unité de l'harmonie céleste, elle l'a morcelée en autant d'harmonies partielles qu'il y a de systèmes solaires, séparément cohérentes, symétriquement: coordonnées, mais reliées entre elles Par des liens bien douteux et bien vagues, groupes en nébuleuses informes, en constellations disséminées, étincelant désordre. Amoureuse de l'ordre, comme elle l'est avant tout, la raison humaine a donc dû renoncer à chercher dans le groupe total du monde, dans le Cosmos, le plus haut objet de son admiration, les traits les plus marques d'une coordination divine. Elle a dû descendre au système solaire pour les trouver, et a, à mesure qu'elle a mieux connu ce petit monde, ce n'est pas tant l'ensemble que les détails de ce beau groupement de masses qui a provoqué son ravissement. Plus que les rapports des planètes entre elles, le rapport de chacune d'elles avec ses satellites, et, mieux encore, sur la surface de chacun

Gabriel Tarde

de ces globes, sa formation géologique, le régime de ses eaux, sa composition chimique, l'ont frappée de surprises, lui ont révélé un accord étroit. Ce n'est plus vers l'immense coupole des cieux que doit se tourner dorénavant l'âme religieuse pour y adorer la sagesse profonde qui meut ce monde ; c'est plutôt dans le creuset du chimiste qu'elle doit regarder pour y scruter le mystère de ces harmonies physiques les plus précises assurément et les plus merveilleuses de toutes, plus admirables que le pêle-mêle étoile — les combinaisons chimiques. Si, moyennant un microscope assez fort, nous pouvions percevoir l'intérieur d'une molécule, combien l'enchevêtrement prodigieux des mouvements elliptiques ou circulaires qui probablement la constituent nous semblerait plus fascinateur que le jeu, assez simple après tout, des grandes toupies célestes !

Si du monde physique nous passons au monde vivant, ici encore nous constatons que la première démarche de la raison a été de concevoir une grandiose et unique adaptation, celle de la création organique tout entière, végétale ou animale, aux destins de l'humanité, à sa nourriture, à son amusement, à sa protection, à l'avertissement de ses périls cachés. La divination augurale et le totémisme, répandus chez tous les peuples à l'origine, n'ont pas d'autre fondement. Et les progrès du savoir ont eu beau dissiper cette illusion anthropocentrique, il en est reste quelque chose dans l'erreur savante, si longtemps régnante parmi les naturalistes philosophes, de se représenter la série paléontologique comme une ascension en droite ligne vers l'homme, et de regarder chaque espèce éteinte ou vivante comme une note dans un grand concert qu'on appelait le Plan divin de la nature, édifice idéal et régulier dont l'homme était le sommet. Péniblement, à force de démentis accumules par l'observation, il a bien fallu se déprendre d'une idée si chère et reconnaître que ce n'est point du tout dans les grandes lignes de l'évolution des êtres, si ramifiée et si tortueuse, ni même dans les grands groupements de leurs espèces différentes en une faune ou une flore régionale, malgré l'adaptation remarquable révélée par les cas de commensalisme ou les rapports des insectes avec les fleurs de certains végétaux, que la nature déploie le plus sa merveilleuse puissance d'harmonie, mais que c'est surtout dans les détails de chaque organisme. Les cause-finaliers, je crois, ont compromis l'idée de fin pour en avoir fait un emploi abusif, erroné, mais non pas excessif ; au contraire, je leur reprocherais plutôt d'en faire un usage beaucoup trop restreint, avec leurs habitudes unitaires d'esprit. Il n'y a pas une fin dans la nature, une fin par rapport à laquelle tout le reste est moyen ; il y a une multitude infinie de fins qui cherchent à s'utiliser les unes les autres. Chaque organisme, et dans chaque organisme chaque cellule, et, dans chaque cellule peut-être, chaque élément cellulaire, a sa petite providence à soi et en soi. Ici, donc, comme plus haut, nous sommes conduits à penser que la force harmonisante — celle du moins dont la science positive a le droit de s'occuper, sans nier nullement la possibilité d'une autre — est non pas immense et unique, extérieure et supérieure, mais infiniment multipliée, infinitésimale et interne. La source, à vrai dire, de toutes les harmonies vivantes, de moins en moins saisissantes à mesure qu'on s'éloigne de ce point de départ et qu'on embrasse un plus vaste champ, c'est l'ovule fécondé, l'intersection vivante de lignées qui se sont rencontrées là, en un croisement parfois heureux, principe de nouvelles aptitudes qui se répandront et se propageront à leur tour, grâce à la sélection des plus aptes ou à l'élimination des moins aptes.

Arrivons au monde social. Les théologiens, qui ont de tout temps été les premiers sociologues, des sociologues sans le savoir, conçoivent souvent le réseau de toutes les histoires des peuples de la terre comme convergeant, depuis les débuts de l'humanité, vers l'avènement de leur culte. Lisez Bossuet. La sociologie a eu beau ensuite se laïciser, elle ne s'est pas affranchie du même genre de préoccupations. Comte a magistralement transposé la pensée de Bossuet, qu'il avait raison d'admirer: pour lui, toute l'histoire de l'humanité converge vers l'ère et le règne de son positivisme a lui, sorte de néo-catholicisme laïque. Aux yeux d'Augustin Thierry, de Guizot, d'autres historiens philosophes vers 1830, le cours tout entier de l'histoire européenne ne paraissait-il pas converger... vers la monarchie de juillet ? À vrai dire, ce n'est pas la sociologie que Comte a fondée, c'est encore une simple philosophie de l'histoire qu'il nous offre sous ce nom, mais admirablement déduite ; c'est le dernier mot de la philosophie de l'histoire. Comme tous les systèmes qu'on a nommés ainsi, sa conception nous déroule l'histoire humaine, cet écheveau si embrouillé, ou plutôt ce pêle-

Gabriel Tarde

mêle confus d'écheveaux multicolores, sous l'aspect d'une seule et même évolution, seule et unique représentation d'une sorte de trilogie ou de tragédie unique, agencée suivant les règles du genre, où tout s'enchaîne, où chacun des trois états enchaînes se compose de phases liées les unes aux autres, chaque anneau adapté et rivé exclusivement au suivant, où tout se précipite irrésistiblement vers le dénouement final. Avec Spencer, déjà, un grand pas est fait vers une plus saine intelligence de l'adaptation sociale : ce n'est plus à un Drame unique, c'est à un certain nombre de Drames sociaux différents que sa formule de l'évolution sociale est applicable. Les évolutionnistes de son école, en formulant ainsi des lois du développement linguistique, du développement religieux, du développement économique, politique, moral, esthétique, entendent aussi, implicitement du moins, que ces lois sont susceptibles de régir non pas une seule suite de peuples auxquels on réserve le privilège d'être appelés historiques, mais tous les peuples qui ont existé ou existeront. Seulement, sous forme multipliée et avec des dimensions moindres, c'est toujours la même erreur qui se fait jour : celle de croire que, pour voir peu à peu apparaître la régularité, l'ordre, la marche logique, dans les faits sociaux, il faut sortir de leur détail, essentiellement irrégulier, et s'élever très haut jusqu'à embrasser d'une vue panoramique de vastes ensembles ; que le principe et la source de toute coordination sociale réside dans quelque fait très général d'où elle descend par degré jusqu'aux faits particuliers, mais en s'affaiblissant singulièrement, et qu'en somme l'homme s'agite mais une loi de l'évolution le mène.

Je crois le contraire en quelque sorte. Ce n'est pas que je nie qu'il existe, entre les diverses et multiformes évolutions historiques des peuples, coulant comme des rivières dans un même bassin, certaines pentes communes ; et je sais bien que, si beaucoup de ces ruisseaux ou de ces rivières se perdent en route, les autres, par une suite de confluents, et à travers mille remous, finissent par se confondre en un même courant général, qui, malgré sa division en bras divers, ne semble pas destiné à se fractionner en multiples embouchures. Mais je vois aussi que la véritable cause de ce fleuve final ne de ces rivières, de cette prépondérance finale d'une évolution sociale — de celle des peuples appelés historiques — parmi toutes les autres, est la série des découvertes de la science

CHAPITRE III : ADAPTATION DES PHÉNOMÈNES

et des inventions de l'industrie qui ont été s'accumulant sans cesse, s'utilisant réciproquement, formant système et faisceau, et dont le très réel enchaînement dialectique, non sans sinuosités non plus, semble se refléter vaguement dans celui des peuples qui ont contribué à le produire. Et, si l'on remonte à la source véritable de ce grand courant scientifique et industriel, on la trouve dans chacun des cerveaux de génie, obscurs ou célèbres, qui ont ajouté une vérité nouvelle, un moyen d'action nouveau, au legs séculaire de l'humanité et qui, par cet apport, ont rendu plus harmonieux les rapports des hommes en développant la communion de leurs pensées et la collaboration de leurs efforts. À l'inverse, donc, des philosophes dont je viens de parler, je constate que le détail des faits humains renferme seul des adaptations saisissantes, que c'est là le principe des harmonies moindres perceptibles dans un domaine plus vaste, et que, plus on s'élève d'un petit groupe social très uni, de la famille, de l'école, de l'atelier, de la petite église, du couvent, du régiment, à la cité, à la province, à la nation, moins la solidarité est parfaite et frappante. Il y a, en général, plus de logique dans une phrase que dans un discours, dans un discours que dans une suite ou un groupe de discours ; il y en a plus dans un rite spécial que dans tout un credo; dans un article de loi que dans tout un code, dans une théorie scientifique particulière que dans tout un corps de science ; il y en a plus dans chaque travail exécuté par un ouvrier que dans l'ensemble de sa conduite.

Il en est ainsi, remarquons-le, à moins qu'une individualité puissante ne soit intervenue pour réglementer et discipliner les faits d'ensemble. Dans ce cas, — qui, d'ailleurs tend à devenir de plus en plus fréquent, car la civilisation se caractérise par les facilités qu'elle offre à un programme individuel de réorganisation sociale de se réaliser, — dans ce cas, il n'est pas toujours vrai que l'harmonie des agrégats soit en raison inverse de leur masse ; souvent même — et de plus en plus souvent — les plus volumineux peuvent être les plus harmonieux. Par exemple, l'administration française, organisée par le despotique génie de Napoléon, est au moins aussi bien adaptée à son but général que peut l'être le moindre de ses rouages au but particulier de celui-ci ; le réseau du chemin de fer de l'État prussien est aussi bien adapté à sa fin stratégique que peut l'être à ses fins commerciales ou autres chacune de ses gares ; le système

Gabriel Tarde

de Kant, celui de Hegel, celui de Spencer, sont aussi cohérents dans leur ordonnance générale que le sont quelques-unes des petites théories partielles qui leur ont servi de matériaux. Une législation bien codifiée peut présenter autant d'ordre dans l'arrangement de ses titres et de ses chapitres que chacune des lois partielles qu'elle amalgame en présente dans le lien de ses diverses dispositions ; et, quand une religion a été refondue par une vigoureuse théologie, l'enchaînement de ses dogmes peut être ou paraître plus logique que chacun d'eux pris à part. Mais, comme il est facile de le voir, ces faits, en apparence contraires à ceux que je viens d'énoncer plus haut, concourent en réalité avec ceux-ci à montrer dans le génie individuel la vraie source de toute harmonie sociale. Car ces belles coordinations ont dû être conçues bien avant d'être exécutées ; elles ont commencé par n'exister que sous la forme d'une idée cachée dans quelques cellules cérébrales avant de couvrir un territoire immense.

Dirons-nous maintenant que l'adaptation sociale élémentaire est, au fond, celle de deux hommes dont l'un répond, en parole ou en fait, à la question d'un autre, verbale ou tacite ? Car la satisfaction d'un besoin, tout comme la solution d'un problème, c'est la réponse à une question. Dirons-nous donc que cette harmonie élémentaire consiste dans le rapport de deux hommes dont l'un enseigne et dont l'autre s'instruit, dont l'un commande et dont l'autre obéit, dont l'un produit et l'autre achète et consomme, dont l'un est acteur, poète, artiste, et dont l'autre est spectateur, lecteur, amateur ? ou bien, qui collaborent ensemble à la même œuvre ? Oui, et, quoique ce rapport implique celui de deux hommes dont l'un est modèle et l'autre copie, il en est bien distinct.

Mais, à mon avis, il faut pousser l'analyse plus loin encore et, comme je viens de l'indiquer, chercher l'adaptation sociale élémentaire dans le cerveau même, dans le génie individuel de l'inventeur. L'invention, — j'entends celle qui est destinée à être imitée, car celle qui reste close dans l'esprit de son auteur ne compte pas socialement — l'invention est une harmonie d'idées qui est la mère de toutes les harmonies des hommes. Pour qu'il y ait échange entre le producteur et le consommateur, et d'abord pour qu'il y ait don au consommateur de la chose produite (car l'échange est le don mutualisé et, comme tel, est venu après le don unilatéral),

CHAPITRE III : ADAPTATION DES PHÉNOMÈNES

il faut que le producteur ait commencé par avoir à la fois deux idées, celle d'un besoin du consommateur, du donataire, et celle d'un moyen apte à le satisfaire. Sans cette adaptation intérieure de deux idées, l'adaptation extérieure appelée don, puis échange, n'eût pas été possible. De même, la division du travail entre plusieurs hommes qui se repartissent les diverses parties d'une même opération exécutée auparavant par un seul n'eût pas été possible si celui-ci n'avait eu l'idée de concevoir ces divers travaux comme les parties d'un même tout, comme les moyens d'un même but. Au fond de toute association entre hommes, il y a, je le répéte, originairement, une association entre idées d'un même homme.

Qu'on ne m'objecte pas que cette adaptation des idées les unes aux autres ne mérite le nom de sociale que lorsqu'elle s'est exprimée en une adaptation des hommes les uns aux autres. Souvent, en effet, elle s'exprime autrement, et même, il semble que cet autre genre d'expression tend à prévaloir. Après qu'un travail fait par un seul homme a été remplacé par une division du travail entre plusieurs hommes, il arrive fréquemment qu'une nouvelle invention a pour effet de faire accomplir par une seule machine toutes les phases de l'opération. Dans ce cas, la division du travail, l'association des travaux entre hommes, n'a joué, entre l'association des idées dans le cerveau du premier créateur de l'œuvre et l'association des ressorts dans la machine, que le rôle d'un moyen terme. Ce n'est point alors dans le groupe travailleur que s'est incarnée l'idée de génie, elle s'est matérialisée dans des morceaux de fer ou de bois. Et ce cas tend à se généraliser par les progrès de la machinofacture. Supposez, — par impossible, — que toute la production humaine s'opéré ainsi, par les machines. Il n'y aura plus de division du travail, puisqu'il n'y aura plus ou presque plus de travail, et on peut dire, si l'on veut, qu'il n'y aura plus d'harmonie sociale à proprement parler, mais il n'y aura que plus d'unisson social ; et cet unisson, bien plus désirable encore que cette harmonie, n'aura-t-il pas été l'effet de ces innombrables et infinitésimales adaptations cérébrales ? Où trouver des facteurs sociaux plus puissants que ces faits, qui ne seraient qu'individuels ?

Nous venons de voir que l'évolution de la sociologie l'a conduite, ici comme ailleurs, à descendre des hauteurs chimériques de causes grandioses et vagues à d'infinitésimales actions réelles et

Gabriel Tarde

précises. Montrons à présent, ou plutôt indiquons — car l'espace nous manque pour une exposition détaillée, — que l'évolution de la réalité sociale, précisément inverse de celle de la science sociale, a consisté dans leur passage graduel d'une multitude de très petites harmonies à un nombre moindre de plus grandes et à un très petit nombre de très grandes, jusqu'à ce qu'on arrive, dans un avenir indéfini, à la consommation du progrès social en une civilisation unique et totale, aussi harmonieuse que possible. Bien entendu, cette loi d'élargissement progressif ne doit pas s'entendre ici de la tendance à la diffusion imitative d'une invention ou d'un groupe d'inventions ; ce serait revenir à la loi de l'imitation, que nous connaissons déjà. Il ne s'agit pas même de l'agrandissement incessant que ce rayonnement imitatif procure à l'harmonie sociale qu'on appelle la division du travail et qui devrait s'appeler plutôt la solidarité des travaux. Une industrie restant la même, sans nul nouveau progrès, la coopération sociale qui en résulte grandit à mesure que, d'une part, les besoins de consommation auxquels elle répond, d'autre part les actes de production par lesquels elle y répond, se propagent par imitation au-delà de la région, d'abord très circonscrite, où elle a pris naissance. Si important que soit le phénomène d'agrandissement des marchés, prélude habituel de la fédération des peuples, ce n'est pas celui dont il s'agit ici. À vrai dire, il est bien rare que, sans nul progrès intrinsèque de l'industrie, ce progrès extrinsèque puisse s'accomplir.

C'est de ce progrès intrinsèque que nous voulons parler, c'est-à-dire de la tendance d'une invention, d'une adaptation sociale donnée, à se compliquer et se grossir en s'adaptant à une autre invention, à une autre adaptation, et engendrant de la sorte une adaptation nouvelle qui, par d'autres rencontres et d'autres alliances logiques du même genre, conduira à une synthèse plus haute: et ainsi de suite. Ces deux progrès, le progrès d'une invention en extension par sa propagation imitative, et son progrès en compréhension en quelque sorte par une série d'hymens logiques, sont certainement très distincts, mais, loin d'être inverses (et malgré l'opposition habituelle à d'autres égards entre l'extension et la compréhension des idées), ils marchent de front et sont inséparables. À chaque alliance cérébrale de deux inventions en une troisième, quand, par exemple, l'idée de la roue et l'idée de la domestication du cheval,

CHAPITRE III : ADAPTATION DES PHÉNOMÈNES

après s'être propagées indépendamment l'une de l'autre (pendant des siècles peut-être) se sont fusionnées et harmonisées dans l'idée du char, il a fallu nécessairement, pour les faire se rapprocher dans un même cerveau, le fonctionnement de l'imitation, comme il avait déjà fallu, pour l'apparition de chacune d'elles, que leurs éléments fussent apportés dans l'esprit de leurs auteurs par divers rayonnements d'exemples. Bien mieux, à chaque synthèse nouvelle d'inventions, il faut en général un rayonnement imitatif plus vaste que les précédents. Il y a un entrelacement continuel de ces deux progressions, la progression imitative, uniformisante, et la progression inventive, systématisante. Elles sont liées l'une à l'autre par un lien qui n'a rien de rigoureux sans doute, — car, par exemple, une série assez longue de théorèmes ardus a pu se dérouler dans le cerveau d'un Archimède et d'un Newton sans nul apport d'éléments fournis par des savants étrangers dans l'intervalle de chacune de ces découvertes, — mais ce lien est assez habituel pour que nous nous attendions toujours a voir l'étendue du champ social et l'intensité des communications sociales, l'ampleur et la profondeur des nationalités sinon des États, grandir en même temps que la richesse des langues, la beauté architecturale des théologies, la cohésion des sciences, la complexité et la codification des lois, l'organisation spontanée ou la réglementation des travaux industriels, le régime financier, la coordination et la complication administratives, les raffinements et la variété de la littérature et des beaux-arts.

Il n'en est pas moins vrai, encore une fois, qu'il faut bien se garder de confondre, comme on le fait souvent, le progrès de l'instruction, simple fait d'imitation, avec le progrès de la science, fait d'adaptation ; ni le progrès de l'industrialisme avec le progrès de l'industrie même; ni le progrès de la moralité avec le progrès de la morale; ni le progrès du militarisme avec le progrès de l'art militaire; ni le progrès de la langue, en entendant par la son expansion territoriale, avec le progrès du langage, en entendant par la le raffinement de sa grammaire ou l'enrichissement de son dictionnaire. Si la science progresse pendant que l'instruction cesse de se répandre davantage, cela revient-il au même que si l'instruction se propage de plus en plus pendant que la science reste stationnaire, et peut-on dire que, dans les deux cas, il y a eu, pour parler vaguement, progrès des lumières ? Non, ce sont là deux choses sans commune mesure. Chaque gain de la science, chaque vérité qui s'ajoute à son agrégat, — à son adaptat, — de propositions d'accord entre elles, est non pas une simple addition, mais une multiplication plutôt, une confirmation réciproque. Mais chaque écolier nouveau qui s'ajoute aux autres, chaque nouvel exemplaire cérébral qu'on édite d'une science enseignée n'est qu'une unité de plus additionnée aux autres. Pour être exact, reconnaissons qu'il y a la quelque chose de plus qu'une addition : car la communion d'intelligence, qui résulte de la, par suite de la similitude de l'enseignement donne aux divers enfants, accroît en chacun d'eux sa confiance en ses connaissances et est une adaptation sociale aussi, et non des moins précieuses.

Mais, avant d'aller plus loin, arrêtons-nous pour faire plusieurs remarques importantes. En premier lieu, notons à quel point l'idée d'adaptation devient plus précise et plus claire quand on passe du monde physique et même vivant au monde social. Savons-nous au juste ce que c'est que l'adaptation d'une molécule acide à la molécule basique avec laquelle elle se combine, ou ce que c'est que l'adaptation d'un grain de pollen à l'ovule qui, féconde par lui, donnera naissance à un individu nouveau, souche peut-être d'une nouvelle race ? Nous n'en savons rien. Il est vrai que, lorsque deux ondes sonores, en interférant, au lieu de s'entredétruire s'entraident et produisent un renforcement du son ou un timbre inattendu, nous sommes un peu mieux éclairés sur la nature du phénomène ; mais c'est qu'à vrai dire, ce simple renforcement de son, ou même la production de ce timbre, qui n'est une création originale qu'au point de vue subjectif de nos sensations acoustiques, n'ont rien de commun avec le fait, objectivement novateur, de la combinaison chimique. De même, quand deux espèces animales ou végétales, en se rencontrant, se servent mutuellement d'aide et de parasite l'une à l'autre, ce cas très clair de mutualisme vivant donne lieu à un simple accroissement de leur bien-être et de leur propagation et ne doit pas être confondu avec la cas de la fécondation, qui reste très obscur. Mais, quand une interférence heureuse se produit entre deux rayonnements imitatifs, quelle qu'elle soit, elle est toujours transparente pour notre raison. Elle peut consister simplement à les stimuler l'un par l'autre — comme lorsque la propagation du bec Auer favorise celle du gaz et réciproquement, ou comme lorsque la propagation de la langue française favorise celle de la littérature française qui la favorise à son tour. — Il se peut aussi que cette interférence ait une efficacité plus profonde et provoque une invention nouvelle, foyer d'une nouvelle imitation rayonnante, — comme lorsque la propagation du cuivre, se rencontrant un jour avec celle de l'étain, a suggéré l'idée de fabriquer le bronze, ou comme lorsque la connaissance de l'algèbre et celle de la géométrie ont suggéré à Descartes l'expression algébrique des courbes. — Mais, dans le dernier cas comme dans le premier, nous voyons très clairement que l'adaptation est un rapport logique ou téléologique et qu'elle se ramené à l'un ou à l'autre de ces deux types ; tantôt elle est, comme la loi de Newton, comme n'importe quelle loi scientifique, une synthèse d'idées qui auparavant ne semblaient ni se confirmer ni se contredire, et qui maintenant se confirment mutuellement, conséquences d'un même principe; tantôt elle est, comme une machine industrielle quelconque, une synthèse d'actions qui, naguère étrangères les unes aux autres, s'entreservent par un ingénieux rapprochement, moyens solidaires d'une même fin. L'invention du char (déjà complexe, nous le savons), l'invention du fer, l'invention de la force motrice de la vapeur, l'invention du piston, l'invention du rail: autant d'inventions qui paraissaient étrangères les unes aux autres et qui se sont solidarisées dans celle de la locomotive.

En second lieu, qu'il s'agisse d'une synthèse d'actions, d'une invention scientifique ou industrielle, religieuse ou esthétique, théorique en un mot ou pratique, le procédé élémentaire qui l'a formée est toujours ce qu'on peut appeler un accouplement logique. Quel que soit en effet le nombre d'idées ou d'actes qu'une théorie ou une machine synthétise, il n'y a jamais eu que deux éléments à la fois qui se soient combinés, adaptés l'un à l'autre, dans le cerveau de l'inventeur ou de chacun des inventeurs qui ont successivement collaboré à sa formation . Dans sa Sémantique, M. Bréal faisait dernièrement, à propos du langage, une remarque très fine, qui vient à l'appui de cette observation générale « Quelle que soit la longueur, dit-il, d'un (mot) composé, ne comprend jamais que deux termes. Cette règle n'est pas arbitraire : elle tient à la nature de notre esprit qui associe ses idées par couples. » En un autre passage relatif aux figures schématiques par lesquelles James Darmesteter a essayé de rendre visible aux yeux l'évolution des sens des mots suivant des voies différentes, le même auteur écrit : « Il faut bien se rappeler que ces figures compliquées n'ont de valeur que pour le seul linguiste : celui qui invente le sens nouveau (d'un mot) oublie dans le moment tous les sens antérieurs, excepté un seul, de sorte que les associations d'idées se font toujours deux à deux. » — Toujours, de même que les oppositions d'idées, nous l'avons vu. Il serait facile, mais bien long, de montrer la généralité de ce procédé en prenant successivement sur le fait chaque découverte ou chaque perfectionnement ajouté à une découverte antérieure dans l'ordre scientifique, dans l'ordre juridique, dans l'ordre économique, politique, artistique, moral. Indiquons plutôt ici pourquoi il en est ainsi, comment la chose est rendue possible et nécessaire.

Cela tient essentiellement à ce que, d'une part, le pas de l'esprit, sa démarche élémentaire, consiste à passer d'une idée à une autre, en liant les deux par un jugement ou par une volition, par un jugement qui montre l'idée de l'attribut impliquée dans celle du sujet, ou par une volition qui regarde l'idée du moyen comme impliquée dans celle du but. D'autre part, si l'esprit passe d'un jugement à un autre jugement plus complexe, d'une volition à une autre volition plus compréhensive, c'est parce qu'à force de se répéter mentalement, par cette double forme d'imitation de soi-même qu'on appelle mémoire ou habitude, un jugement se pelotonne en notion, fusion de ses deux termes devenus soudés et indistincts, et une volition, un dessein, se transforme en réflexe de moins en moins conscient. Par cette transformation inévitable — qui s'opéré en grand, socialement, sous les noms respectes de tradition et de coutume — nos anciens jugements sont aptes à entrer comme notions dans la substance d'un jugement nouveau, nos anciens desseins dans celle d'un dessein nouveau. De la plus basse à la plus haute opération de notre entendement et de notre volonté, ce procédé ne change pas ; et il n'est pas de découverte théorique qui soit autre chose que la jonction judiciaire d'un attribut, c'est-à-dire d'anciens jugements, à un nouveau sujet, comme il n'est pas de découverte pratique qui soit autre chose que la jonction volontaire d'un moyen, c'est-à-dire d'une ancienne fin voulue pour elle-même, à une nouvelle fin. Par cette alternance, à la fois si simple et si féconde, de changements inverses, qui se succèdent indéfiniment, le jugement ou le but d'hier devenant la simple notion ou le simple moyen d'aujourd'hui qui suscitera le jugement ou le but de demain, destiné lui-même à déchoir à son tour en se consolidant, et ainsi de suite ; par ce rythme social, aussi bien que psychologique, se sont élevés peu à peu tous les grands édifices de découvertes et d'inventions accumulées qui provoquent notre admiration : et nos langues, et nos religions, et nos sciences, et nos codes, et nos administrations, et, certes, notre organisation militaire, et nos industries, et nos arts.

Quand on considère une de ces grandes choses sociales, une grammaire, un code, une théologie, l'esprit individuel paraît si peu de chose au pied de ces monuments, que l'idée de voir en lui l'unique maçon de ces cathédrales gigantesques semble ridicule à certains sociologues, et, sans s'apercevoir qu'on renonce ainsi à les expliquer, on est excusable de se laisser aller à dire que ce sont là des œuvres éminemment impersonnelles, — d'où il n'y a qu'un pas à prétendre avec mon éminent adversaire, M. Durkheim, que, loin d'être fonctions de l'individu, elles sont ses facteurs, qu'elles existent indépendamment des personnes humaines et les gouvernent despotiquement en projetant sur elles leur ombre oppressive. Mais comment ces réalités sociales — car, si je combats l'idée de l'organisme social, je suis loin de contredire celle d'un certain réalisme social, sur lequel il y aurait à s'entendre, — comment, je le répète, ces réalités sociales se sont-elles faites ? Je vois bien qu'une fois faites, elles s'imposent à l'individu, quelquefois par contrainte, rarement, le plus souvent par persuasion, par suggestion, par le plaisir singulier que nous goûtons, depuis le berceau, à nous imprégner des exemples de nos mille modelés ambiants, comme l'enfant à aspirer le lait de sa mère. Je vois bien cela, mais comment ces monuments prestigieux dont je parle ont-ils été construits, et par qui, si ce n'est par des hommes et des efforts humains ?

Quant au monument scientifique, le plus grandiose peut-être de tous les monuments humains, il n'y a pas de doute possible. Celui-là s'est édifié à la pleine lumière de l'histoire, et nous suivons son développement à peu près depuis ses débuts jusqu'à nos jours. Que nos sciences aient commencé par être une poussière de petites découvertes éparses et sans lien, qui se sont groupées ensuite — groupements dont chacun a été lui-même une découverte — en

Gabriel Tarde

petites théories, elles-mêmes fusionnées plus tard en théories plus vastes, confirmées ou rectifiées par une multitude d'autres découvertes, enfin reliées puissamment par des arches d'hypothèses jetées sur elles, hautes inventions de l'esprit unitaire ; qu'il en soit ainsi, cela est indiscutable. Il n'est pas de loi, il n'est pas de théorie scientifique, comme il n'est pas de système philosophique, qui ne porte encore écrit le nom de son inventeur. Tout est là d'origine individuelle, non seulement tous les matériaux, mais les plans, les plans de détail et les plans d'ensemble ; tout, même ce qui est maintenant répandu dans tous les cerveaux cultivés et enseigné à l'école primaire, a débuté par être le secret d'un cerveau solitaire, d'où cette petite lampe, agitée, timide, a rayonné à grand-peine dans une étroite sphère à travers les contradictions, jusqu'à ce que, fortifiée en se répandant, elle soit devenue une lumière éclatante.

Mais, s'il est évident que la science s'est construite ainsi, il n'est pas moins certain que la construction d'un dogme, d'un corps de droit, d'un gouvernement, d'un régime économique, s'est opérée pareillement ; et, s'il y a des doutes possibles en ce qui concerne la langue et la morale, parce que l'obscurité de leurs origines et la lenteur de leurs transformations les dérobent à nos yeux dans la plus grande partie de leur cours, combien n'est-il pas probable que leur évolution a suivi la même voie ! N'est-ce pas par de minuscules créations d'expressions imagées, de tournures pittoresques, de mots nouveaux ou de sens nouveaux, que notre langue autour de nous s'enrichit, et chacune de ces innovations, pour être d'ordinaire anonyme, en est-elle moins une initiative personnelle imitée de proche en proche ? et n'est-ce pas ces bonheurs d'expression, pullulant en chaque langue, que les langues en contact s'empruntent réciproquement pour grossir leur dictionnaire et assouplir sinon compliquer leur grammaire ? N'est-ce pas aussi par une série de petites révoltes individuelles contre la morale courante, ou de petites additions individuelles à ses préceptes, que cette morale subit de lentes modifications ? Et est-ce qu'on ne passe pas, à travers des phases successives, d'une ère très antique où les langues étaient innombrables mais très pauvres, chacune parlée par une peuplade, une tribu, un bourg, où les morales étaient aussi très nombreuses, très dissemblables et très simples, à notre époque où un petit nombre de langues très riches et de morales très compliquées, sont

CHAPITRE III : ADAPTATION DES PHÉNOMÈNES

en train de se disputer l'hégémonie future du globe terrestre ?

Ce qu'il faut accorder aux adversaires de la théorie des causes individuelles en histoire, c'est qu'on l'a faussée en parlant de grands hommes là où il fallait parler de grandes idées, souvent apparues en de très petits hommes, et même de petites idées, d'infinitésimales innovations apportées par chacun de nous à l'œuvre commune. La vérité est que tous, ou presque tous, nous avons collaboré à ces gigantesques édifices qui nous dominent et nous protègent ; chacun de nous, si orthodoxe qu'il puisse être, a sa religion à soi, et, si correct qu'il puisse être, sa langue à soi, sa morale à soi ; le plus vulgaire des savants a sa science à lui, le plus routinier des administrateurs a son art administratif à lui. Et, de même qu'il a sa petite invention consciente ou inconsciente qu'il ajoute au legs séculaire des choses sociales dont il a le dépôt passager, il a aussi son rayonnement imitatif dans sa sphère plus ou moins bornée, mais qui suffit à prolonger sa trouvaille au-delà de son existence éphémère et à la recueillir pour les ouvriers futurs qui la mettront en œuvre. L'imitation, qui socialise l'individuel, perpétue de toutes parts les bonnes idées, et, en les perpétuant, les rapproche et les féconde.

Dira-t-on, par hasard, qu'étant donnée la nature éternelle des choses en présence de l'esprit humain lui-même persistant, la science humaine devait tôt ou tard arriver, n'importe par quel chemin de découvertes individuelles, au point où nous la voyons, où nos petits-neveux la verront, que sa forme future, claire et glorieuse, était déjà prédéterminée des les premières perceptions du cerveau sauvage, et qu'ainsi l'accident du génie, le rôle de l'individu, importe peu ou va perdant chaque jour de son importance à mesure que l'on se rapproche de cette réalité idéale, platoniquement attractive, qui laisse déjà deviner ses contours ? Mais, cette objection, si elle était vraie, devrait être généralisée, et il s'ensuivrait que, par un enchaînement quelconque de satisfactions et de besoins, nés alternativement les uns des autres, un irrésistible attrait de je ne sais quelles épures divines, invisiblement impérieuses, conduirait inévitablement l'humanité au même terme politique, économique ou autre, à la même constitution, à la même industrie, à la même langue, à la même législation finale ? Jusqu'ici, rien de plus contraire aux faits que cette vue, car, plus les civilisations diverses

Gabriel Tarde

qui se partagent la terre, la civilisation chrétienne, la civilisation bouddhique, la civilisation islamique, se sont développées, plus leur originalité et leurs dissemblances se sont accentuées. Toutefois, ce qui me plairait en cette manière de voir, c'est qu'elle est idéaliste, mais elle ne l'est pas assez, et par la elle l'est mal. Il n'y a pas une seule idée ou un petit nombre d'idées, situées en l'air, qui meuvent le monde ; il en est des milliers et des milliers qui luttent pour la gloire de l'avoir mené. Ces idées qui agitent le monde, ce sont les idées même de ses acteurs : chacun d'eux a bataillé pour faire triompher la sienne, rêve de réorganisation locale, nationale ou internationale, qui se développait en se réalisant, qui, même en succombant, s'amplifiait parfois. Chaque individu historique a été une humanité nouvelle en projet, et tout son être individuel, tout son effort individuel n'a été que l'affirmation de cet universel fragmentaire qu'il portait en lui. Et de ces idées sans nombre, de ces grands programmes patriotiques ou humanitaires, qui dominent, comme de grands drapeaux mutuellement déchires, la mêlée humaine, un seul survivra, c'est possible, un seul sur des myriades, mais lui-même aura été individuel à l'origine, jailli un jour du cerveau ou du cœur d'un homme; et je veux bien que son triomphe ait été nécessaire, mais sa nécessite, qui se révèle après coup, que nul d'avance n'a prévue, que nul n'a pu prévoir avec certitude, n'est que l'expression verbale de la supériorité des efforts individuels mis au service de cette conception individuelle. Cause finale et causes efficientes se confondent ici, et il n'y a pas lieu de les distinguer.

Et c'est parce que toute construction sociale a pour tous matériaux, et pour tous plans même, des apports individuels, que je ne saurais admettre le caractère de contrainte souveraine, dominatrice, de l'individu, qui a été considéré comme l'attribut essentiel et propre de la réalité sociale. S'il en était ainsi, cette réalité ne s'accroîtrait jamais, ces monuments n'auraient jamais pu s'édifier, car, à chacun de leurs accroissements successifs par l'insertion d'une innovation, mot nouveau, nouveau projet de loi, nouvelle théorie scientifique, nouveau procède industriel, etc., ce n'est pas par force que cette nouveauté s'introduit, ce ne peut être que par persuasion et suggestion douce. Voyez la manière dont s'accroît le palais des sciences. Une théorie y est longtemps discutée dans l'enseignement

CHAPITRE III : ADAPTATION DES PHÉNOMÈNES

supérieur, avant de s'y propager sous forme d'hypothèse plus ou moins probable, puis de descendre dans l'enseignement secondaire, ou elle s'affirme plus résolument ; mais ce n'est, en général, qu'en parvenant à l'enseignement primaire qu'elle dogmatise tout à fait et qu'elle exerce ou cherche à exercer sur l'esprit de ses adhérents enfantins, qui d'ailleurs s'y prêtent avec la meilleure volonté du monde, la coercition, nullement despotique, dont on parle. Cela signifie, en d'autres termes, que c'est en vertu de sa persuasivité antérieure que son impériosité actuelle s'est établie, le tout par propagation imitative. Il en est de même d'une nouveauté industrielle qui se répand : elle est un caprice d'une élite avant d'être un besoin du public, et de faire partie du nécessaire. Car le luxe d'aujourd'hui, c'est le nécessaire de demain, par la même raison que l'enseignement supérieur d'aujourd'hui, c'est l'enseignement secondaire ou primaire même de demain.

Ce grand sujet de l'adaptation sociale exigerait bien d'autres développements ; j'en ai esquissé quelques-uns dans mon livre sur la Logique sociale, auquel je me permets de renvoyer. Mais il faut se borner. Je n'insisterai pas enfin sur cette remarque, malheureusement trop évidente, que, plus les adaptations sont multiples et précises, plus des inadaptations sociales se révèlent, douloureuses, énigmatiques, justification de tant de plaintes. Mais nous sommes en mesure de dire, maintenant, pourquoi les harmonies naturelles, de même que les symétries naturelles, sont rarement parfaites, pourquoi il s'y mêle toujours et s'en échappe des dysharmonies et des dissymétries qui contribuent elles-mêmes parfois à susciter des adaptations et des oppositions plus hautes. C'est que l'adaptation parfaite et l'opposition parfaite sont les deux extrémités d'une série infinie, entre lesquelles s'interposent d'innombrables positions. Entre la confirmation absolue d'une thèse par une autre et la contradiction absolue des deux, il y a une infinité de contradictions et de confirmations partielles, sans compter l'infinité des degrés de croyance affirmative et négative. Une question suivie d'une réponse ; voilà l'invention. Mais, à une question donnée, mille réponses sont possibles, de plus en plus exactes et complètes. À cette question : le besoin de voir, il n'y a pas que l'œil humain qui ait répondu dans la nature, il y a tous les yeux d'insectes, d'oiseaux, de mollusques. À cette question : le besoin de fixer la parole, il n'y a pas que l'alphabet phénicien qui ait répondu.

C'est parce qu'il y a, au fond de toute société, une multitude de petites ou de grandes réponses à des questions, et une multitude de questions nouvelles qui surgissent de ces réponses mêmes, qu'il y a aussi un nombre considérable de petites ou de grandes luttes entre les partisans de solutions différentes. La lutte n'est que la rencontre d'harmonies, mais cette rencontre n'est, certes, pas le seul rapport des harmonies ; leur relation la plus habituelle est l'accord, la production d'une harmonie supérieure. À chaque instant, soit en parlant, soit en travaillant à n'importe quoi, nous éprouvons un besoin et nous le satisfaisons, et, c'est cette série de satisfactions, de solutions, qui constitue le discours ou le travail, et aussi bien la politique intérieure ou extérieure, la diplomatie et la guerre, toutes les formes de l'activité humaine. Ce sont les efforts, incessamment répétés, des individus d'une nation, pour adapter leur langue à leur pensée du moment qui ont pour effet de modifier et de transformer peu à peu les langues, de susciter des langues nouvelles. Si on avait tenu registre, comme a essayé de le faire dans un coin de la Charente M. l'abbé Rousselot, de tous ces efforts successifs, on pourrait dire le nombre précis d'adaptations linguistiques élémentaires dont une modification du son ou du sens des mots est l'intégration. Pour adapter leurs dogmes et leurs préceptes religieux à leurs connaissances et à leurs besoins, pour y adapter aussi leurs mœurs et leurs lois, leur morale même, les individus, et principalement ceux qui se sentent les plus inadaptés à leur milieu sinon à eux-mêmes, font de même des efforts incessants qui aboutissent à de petites trouvailles accumulées. Et, de temps en temps, quelque grand inventeur, quelque grand accordeur surgit.

Les dysharmonies sont aux harmonies ce que les dissymétries sont aux symétries, ce que les variations sont aux répétitions. Or, c'est seulement du sein des répétitions précises, des oppositions nettes, des harmonies étroites, qu'éclosent les échantillons les plus caractérisés de la diversité, du pittoresque, du désordre universels, à savoir les physionomies individuelles. C'est peu de chose, c'est chose bien passagère, une physionomie d'homme ou de femme, affinée par la vie sociale, par la vie d'imitation intense, compliquée et continue. Mais rien n'est plus important que cette nuance fugitive.

CHAPITRE III : ADAPTATION DES PHÉNOMÈNES

Et le peintre n'a pas perdu son temps qui est parvenu à la fixer, ni le poète ou le romancier qui l'a fait revivre. Le penseur n'a pas le droit de sourire à la vue de leurs longs efforts pour saisir cette chose presque insaisissable qui n'a plus été et ne sera plus. Il n'y a pas de science de l'individuel, mais il n'y a d'art que de l'individuel. Et le savant, en songeant que la vie universelle est suspendue tout entière à la floraison de l'individualité des personnes, devrait considérer avec une modestie quelque peu jalouse le labeur de l'artiste, si lui-même, en imprimant nécessairement son cachet personnel à sa conception générale des choses, ne lui donnait toujours un prix esthétique, vraie raison d'être de sa pensée.

## CONCLUSION

Il est temps de finir, mais, en finissant, résumons les conclusions principales auxquelles nous avons été conduits, et cherchons la signification de leur rapprochement. Nous avons vu que toute science vit de similitudes, de contrastes ou de symétries, et d'harmonies, c'est-à-dire de répétitions, d'oppositions et d'adaptations, et nous nous sommes demande quelle était la loi de chacun de ces trois termes ainsi que le rapport de chacun d'eux avec les autres. Nous avons vu que, malgré son penchant naturel, et, a priori si légitime en apparence, à s'attacher aux phénomènes les plus grands, les plus volumineux, les plus prestigieux, pour expliquer les moins visibles, l'esprit humain a été irrésistiblement amené à trouver le principe des choses, en tout ordre de faits, dans les faits les plus cachés, dont la source, à vrai dire, lui reste insondable. Cette constatation devrait lui causer une grande surprise, mais il n'en est rien, tellement l'habitude de l'observation scientifique nous a rendu familier ce renversement de l'ordre rêvé par la pensée naissante. La loi de la répétition, donc, qu'il s'agisse de la répétition ondulatoire et gravitatoire du monde physique ou de la répétition héréditaire et habituelle du monde vivant, ou de la répétition imitative du monde social, est la tendance à passer par voie d'amplification progressive d'un infinitésimal relatif à un infini relatif. La loi de l'opposition n'est pas autre : elle consiste en une tendance à s'amplifier dans une sphère toujours grandissante, à partir d'un point vivant. Ce point, socialement, c'est le cerveau

Gabriel Tarde

d'un individu, la cellule de ce cerveau ou se produit, par une interférence de rayons imitatifs venus du dehors, une contradiction de deux croyances ou de deux désirs. Telle est l'opposition sociale élémentaire, principe initial des plus sanglantes guerres, de même que la répétition sociale élémentaire est le fait individuel du premier imitateur, point de départ d'une immense contagion de mode. La loi de l'adaptation, enfin, est pareille: l'adaptation sociale élémentaire, c'est l'invention individuelle destinée à être imitée, c'est-à-dire l'interférence heureuse de deux imitations, dans un seul esprit d'abord ; et la tendance de cette harmonie tout intérieure à l'origine est non seulement de s'extérioriser en se répandant, mais encore de s'accoupler logiquement, grâce à cette diffusion imitative, avec quelque autre invention, et ainsi de suite, jusqu'à ce que, par des complications et des harmonisations successives d'harmonies, s'élèvent ces grandes œuvres collectives de l'esprit humain, une grammaire, une théologie, une encyclopédie, un corps de droit, une organisation naturelle ou artificielle du travail, une esthétique, une morale.

Ainsi, en résumé, il est certain que tout vient de l'infinitésimal, et, ajoutons-le, il est probable que tout y retourne. C'est l'alpha et l'oméga. Tout ce qui constitue l'univers visible, accessible à nos observations, nous savons que tout cela procède de l'invisible et de l'impénétrable, d'un rien apparent, d'où sort toute réalité, inépuisablement. Si nous réfléchissons à ce phénomène étrange, nous nous étonnerons de la puissance du préjugé, à la fois populaire et scientifique, qui fait regarder par tout le monde, par un Spencer aussi bien que par le premier venu, l'infinitésimal comme insignifiant, c'est-à-dire homogène, neutre, sans rien de caractérisé ni de spirituel. Illusion indéracinable ! Et d'autant plus inexplicable que nous aussi, comme tout être, nous sommes destinés à rentrer prochainement, par la mort, dans cet infinitésimal d'où nous sommes sortis, dans cet infinitésimal si méprisé — qui pourrait bien être au fond, qui sait ? tout l'au-delà vrai, tout l'asile posthume, vainement cherché dans les espaces infinis... Quoi qu'il en soit, quelle raison avons-nous de juger a priori, ne connaissant pas le monde élémentaire, que le seul monde visible, le monde spacieux et volumineux, est le théâtre de la pensée, le siège de phénomènes varies et vivants ? Comment pouvons-nous le supposer, quand

CONCLUSION

nous voyons à chaque instant jaillir un être individuel, avec sa physionomie propre et rayonnante, du fond d'un ovule féconde, du fond d'une partie de cet ovule, d'une partie qui va se circonscrivant et s'évanouissant à mesure qu'on la vise mieux, jusqu'à je ne sais quel point inimaginable ? Ce point, source d'une telle différence, comment le juger lui-même indifférencié ? Je sais bien ce qu'on va m'objecter: la prétendue loi de l'instabilité de l'homogène. Mais elle est fausse, mais elle est arbitraire, mais elle a été imaginée tout exprès pour concilier avec le parti pris de croire indifférencié en soi l'indistinct à nos yeux, l'évidence des diversités phénoménales, des exubérantes variations vivantes, psychologiques et sociales. La vérité est que l'hétérogène seul est instable et que l'homogène est stable essentiellement. La stabilité des choses est en raison directe de leur homogénéité. La seule chose parfaitement homogène — ou paraissant telle — dans la Nature, c'est l'Espace géométrique, qui n'a point change depuis Euclide. Veut-on dire simplement que le moindre germe d'hétérogénéité, introduit dans un agrégat relativement homogène, comme le levain dans une pâte, y provoque nécessairement une différenciation croissante ? Mais je le conteste : dans un pays d'orthodoxie, d'unanimité religieuse ou politique, l'introduction d'une hérésie, d'une dissidence, a bien plus de chance d'être résorbée ou expulsée avant peu que de croître aux dépens de l'Église ou de la Politique régnante. Ce n'est pas que je nie la loi de différenciation dans ses applications organiques ou sociales, mais elle est bien mal comprise si elle empêche de voir la loi d'uniformisation croissante qui s'y mêle et s'y entrelace. En réalité, la différenciation dont on veut parler, c'est plutôt l'adaptation dont nous parlons ; et, par exemple, la division du travail dans nos sociétés n'est que l'association ou la co-adaptation progressive des divers travaux par des inventions successives. Primitivement circonscrite au ménage, elle va se répétant et s'amplifiant sans cesse, s'étendant d'abord à la cité, où les divers ménages, autrefois semblables les uns aux autres, mais différencies intérieurement, deviennent dissemblables les uns aux autres, mais séparément plus homogènes ; puis devenant nationale, et internationale. — Il n'est donc pas vrai que la différence aille croissant, car, à chaque instant, si de nouvelles et autres différences apparaissent, d'anciennes différences s'effacent ; et, en tenant compte de cette

Gabriel Tarde

considération, nous n'avons nulle raison de penser que la somme des différences, si tant est qu'on puisse sommer des choses sans commune mesure, ait augmenté dans l'univers. Quelque chose de bien plus important qu'une simple augmentation de différence s'y accomplit incessamment, la différenciation de la différence elle-même. Le changement même y va changeant, et dans un certain sens qui, d'une ère de différences crues et juxtaposées, comme de couleurs criardes et non fondues, nous achemine à une ère de différences harmonieusement nuancées. — Quoi qu'on puisse penser de cette vue, il n'en reste pas moins inconcevable que, dans l'hypothèse d'une substance homogène soumise depuis l'éternité à la discipline niveleuse et coordinatrice des lois scientifiques, un univers tel que le notre, éblouissant d'un si grand luxe de surprises et de caprices, ait jamais pu exister. Du parfaitement semblable et parfaitement règle, qu'aurait-il pu naître si ce n'est un monde éternellement et immensément plat ? Aussi, à cette conception courante de l'univers comme formé d'une poussière infinie d'éléments tous semblables au fond, d'où la diversité aurait jailli on ne sait comment, je me permets d'opposer ma conception particulière qui le représente comme la réalisation d'une multitude de virtualités élémentaires, chacune caractérisée et ambitieuse, chacune portant en soi son univers distinct, son univers à soi et en rêve. Car il avorte infiniment plus de projets élémentaires qu'il ne s'en développe ; et, c'est entre les rêves concurrents, entre les programmes rivaux, bien plus qu'entre les êtres, que se livre la grande bataille pour la vie, éliminatrice des moins adaptes. En sorte que le sous-sol mystérieux du monde phénoménal serait tout aussi riche en diversités, mais en diversités autres, que l'étage des réalités superficielles.

Mais, après tout, cette métaphysique que j'indique importe assez peu à l'exposition qui l'a précédée, et je n'émets cette hypothèse qu'entre parenthèses, en faisant remarquer que, rejetée même, elle laisse debout les considérations plus solides et plus positives présentées plus haut. Elle permet seulement d'embrasser sous un même point de vue les deux sortes de vérités, en apparences étrangères les unes aux autres, que nous avons recueillies tout le long de notre chemin : à savoir, celles qui ont trait à la progression régulière des répétitions, des luttes, des harmonies universelles,

CONCLUSION

au côté régulier du monde, aliment de la science, — et celles qui sont relatives au côté sauvage du monde, proie exquise de l'art en renouvellement perpétuel, à la nécessité éternelle, ce semble, du divers, du pittoresque, du désordonné, grâce au fonctionnement même de l'assimilation, de la symétrisation, de l'harmonisation universelles. Rien de plus aisé à comprendre que cette apparente anomalie, si l'on suppose que les originalités sous-phénoménales des choses travaillent non à s'effacer mais à s'épanouir, à éclater en haut. Des lors tout s'explique ; et, de même que les rapports mutuels de nos trois termes, répétition, opposition, adaptation, sont aisément intelligibles quand on considéré la répétition progressive comme fonctionnant au service de l'adaptation qu'elle répand et que, par ses interférences, elle développe, à la faveur parfois de l'opposition, que, par ses interférences d'autre sorte, elle conditionne aussi, — de même, on peut croire que toutes trois collaborent ensemble à l'épanouissement de la variation universelle sous ses formes individuelles et personnelles les plus élevées, les plus larges et les plus profondes.

(Octobre 1897)

ISBN : 978-1522872375

Gabriel Tarde

www.ingramcontent.com/pod-product-compliance
Lightning Source LLC
Chambersburg PA
CBHW071227280526
45787CB00002B/840